JN099901

音声ダウンロード

 音声再生アプリ「リスニング・トレーナー」新登場（無料）

朝日出版社開発のアプリ、「リスニング・トレーナー（リストレ）」を使えば、教科書の音声をスマホ、タブレットに簡単にダウンロードできます。どうぞご活用ください。

まずは「リストレ」アプリをダウンロード

▶ App Store はこちら

▶ Google Play はこちら

アプリ「リスニング・トレーナー」の使い方

❶ アプリを開き、「**コンテンツを追加**」をタップ

❷ QRコードをカメラで読み込む

❸ QRコードが読み取れない場合は、画面上部に **25462** を入力し「Done」をタップします

QRコードは㈱デンソーウェーブの登録商標です

Webストリーミング音声

https://text.asahipress.com/free/german/navi3/

Ryozo Maeda
Yoko Takagi

Navigation ins Deutsche 3.0

ドイツ語ナビゲーション 3.0

ASAHI Verlag

まえがき

　本書は、ドイツ語を初めて学ぼうとする大学生の皆さんのために書かれた初級総合教科書です。

　本書の特徴は、練習問題がただ羅列されていたこれまでの多くの教科書を見直し、ドイツ語を学習するうえで重要な「読む・話す・書く・聞く・知る」が有機的に関連した練習問題やコラムを通して、初学者の皆さんにも、できるだけコンテンツのあるドイツ語でドイツ文法を習得してもらうことを目的としている点です。日本人留学生の内田めぐみとその友人たちがケルン大学での学生生活で出会うさまざまなシチュエーションが想定されています。

　本書は、次のような1課6ページ構成になっています。

ナビ1)　最初の4ページでは、見開きの左側ページで文法を学び、その文法を理解したかどうか、右側ページ下の「 ⊟ チェックポイント 」でまずチェックしましょう。

ナビ2)　その後、「 😊😊 ペアで練習 ▶ 」のミニ会話の意味を把握して音読しましょう。

ナビ3)　次にペアを組んで、実際に口頭練習を通じて文法を習得していきましょう。(文法知識の定着をさらに確認したいとお考えの先生方には、教授用資料で従来通りの練習問題も用意させていただきました。)

ナビ4)　最後の2ページの「 🎬 まとめ 」では、「 Sprechen 」で自分の状況を表現し、「 Lesen 」で比較的まとまった内容を読む練習をしましょう。(なお、本書が対象としている初学者の皆さんが確実に文法構造を理解できることをまず優先し、ネイティブチェックを経たのちにも、あえてnicht authentischな文章を選んだ箇所があります。)

ナビ5)　また「 Vokabular 」で関連語彙を増やし、「 Hören 」でその語彙の習得を確認しましょう。

ナビ6)　さらに「 Wissen 」では、ドイツ語圏の社会、政治、経済、歴史、文化などを知る題材が提供されています。これをきっかけに、教室内外で先生方や学生の皆さんみずから、テーマを敷衍させていただければ幸いです。

　本書のナビゲーションによって、「ドイツ語の学習が面白くなった」、「ドイツ語の学習をもっと続けていきたい」、あるいは「ドイツ語圏に興味を持った」という声を聞くことができれば、30年以上にわたってドイツ語に携わってきた著者たちの喜びです。

　最後になりましたが、原稿に丁寧に目を通してくださった東京外国語大学特任講師のディアナ・バイアー＝田口先生、いつも適格なアドヴァイスをくださった朝日出版社編集部の日暮みぎわさんには、この場を借りて心から御礼申し上げます。

2013年　著者

改訂にあたって

　本書の初版執筆後4年が経ちました。今回の改訂にあたり、まず、最新の情報をもとに、テクストやコラムの内容をアップデートしました。また、ご使用くださいました先生方からの貴重なご意見やご提案を可能なかぎり反映させていただきました。

　今回も、東京藝術大学助教のディアナ・バイアー＝田口先生と朝日出版社編集部の日暮みぎわさんにはたいへんお世話になりました。心より感謝いたします。

2017年　著者

再改訂にあたって

　前回の改訂から5年が経ちました。今回は主に次の点を改めました。

1. テクストやコラムの内容をできるだけ最新のものにアップデートしました。
2. ご使用くださいました先生方からのご要望を反映し、オンライン授業の補助教材となるパワーポイントファイルを作成しました。
3. 追加練習問題の内容を軽くしました。

　今回の再改訂にあたって、立教大学講師のダニエル・ケルン先生と朝日出版社編集部の日暮みぎわさんにたいへんお世話になりました。心より御礼申し上げます。

2022年　著者

•目次•

ドイツ語圏略地図 （ ☐ はドイツ語使用地域)

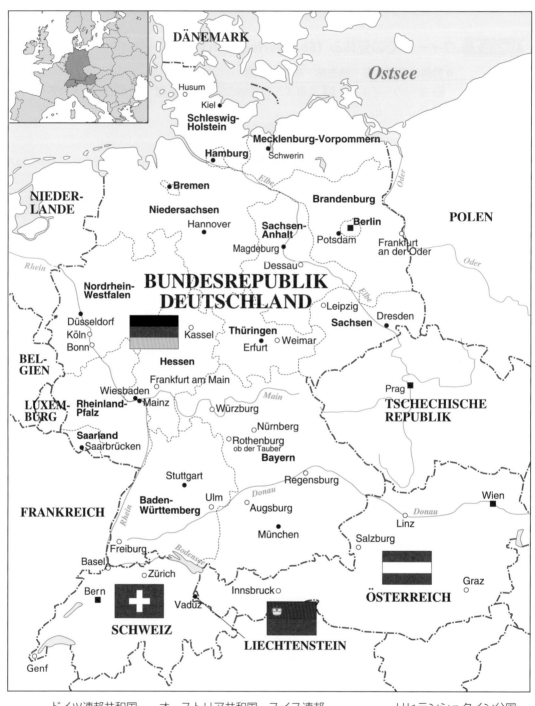

	ドイツ連邦共和国	オーストリア共和国	スイス連邦	リヒテンシュタイン公国
	Bundesrepublik Deutschland	Republik Österreich	Schweizerische Eidgenossenschaft （通称 Schweiz)	Fürstentum Liechtenstein
首 都	ベルリン	ウィーン	ベルン	ファドゥーツ
面 積	35万7021km²	8万3858km²	4万1284km²	160km²
人 口	8378万人	893万人	865万人	3.9万人　（2020年)
通 貨	ユーロ (Euro)	ユーロ (Euro)	スイスフラン (sFr)	スイスフラン (sFr)

Das Alphabet

A	a	𝒜	𝑎	aː	Q	q	𝒬	𝑞	kuː
B	b	ℬ	𝑏	beː	R	r	ℛ	𝑟	ɛr
C	c	𝒞	𝑐	tseː	S	s	𝒮	𝑠	ɛs
D	d	𝒟	𝑑	deː	T	t	𝒯	𝑡	teː
E	e	ℰ	𝑒	eː	U	u	𝒰	𝑢	uː
F	f	ℱ	𝑓	ɛf	V	v	𝒱	𝑣	faʊ
G	g	𝒢	𝑔	geː	W	w	𝒲	𝑤	veː
H	h	ℋ	ℎ	haː	X	x	𝒳	𝑥	ɪks
I	i	ℐ	𝑖	iː	Y	y	𝒴	𝑦	ýpsilɔn
J	j	𝒥	𝑗	jɔt	Z	z	𝒵	𝑧	tsɛt
K	k	𝒦	𝑘	kaː					
L	l	ℒ	𝑙	ɛl	Ä	ä	𝒜̈	𝑎̈	ɛː
M	m	ℳ	𝑚	ɛm	Ö	ö	𝒪̈	𝑜̈	øː
N	n	𝒩	𝑛	ɛn	Ü	ü	𝒰̈	𝑢̈	yː
O	o	𝒪	𝑜	oː					
P	p	𝒫	𝑝	peː		ß		𝛽	ɛs-tsɛt

i

発音の原則

基本的にローマ字式に読みます。名詞は頭文字を大文字で書きます。

1 注意すべき母音の発音

1) アクセントは原則として最初の母音（第1音節）にあります。
2) アクセントのある母音の後に子音が1個の場合、その母音は長音になります。

   Kino　　　映画館　　　haben　　　持っている
3) アクセントのある母音の後に子音が2個以上の場合、その母音は短音になります。

   Post　　　郵便局　　　kommen　　　来る
4) 重母音 aa, ee, oo は長音になります。

   Haar　　　髪　　　Tee　　　茶

   Boot　　　ボート
5) 母音＋h の場合、h は読まず、前の母音を長く発音します。

   gehen　　　行く　　　Uhr　　　時計

ä	$[\varepsilon{:}]$ $[\varepsilon]$	Käse	チーズ	hängen	掛ける
ö	$[ø{:}]$ $[œ]$	hören	聞く	Köln	ケルン
ü	$[y{:}]$ $[ʏ]$	grün	緑の	Glück	幸福
au	$[aʊ]$	Haus	家	blau	青い
äu, eu	$[ɔʏ]$	Gebäude	建物	heute	今日
ei	$[aɪ]$	arbeiten	働く	nein	いいえ (=no)
ie	$[i{:}]$	fliegen	飛ぶ	Brief	手紙

2 注意すべき子音の発音

b	$[b]$ $[p]$	Bluse	ブラウス	halb	半分の
d	$[d]$ $[t]$	danken	感謝する	Abend	晩
g	$[g]$ $[k]$	gut	良い	Tag	日
ch (a, o, u, au の後)	$[x]$	Nacht	夜	Tochter	娘
		Buch	本	auch	～もまた (=also)
ch (上記以外)	$[ç]$	ich	私	Milch	牛乳
chs	$[ks]$	Lachs	鮭	sechs	6
語末の-ig	$[ɪç]$	fleißig	勤勉な	billig	廉価な
j	$[j]$	Japan	日本	jung	若い
pf	$[p͡f]$	Apfel	リンゴ	Kopf	頭

r	[r]	rot	赤い	Regen	雨
語末の **-er,-r** の母音化	[ɐ]	Mutter	母	wir	私たち
s（母音の前）	[z]	Saft	ジュース	Sommer	夏
s（上記以外）	[s]	Gast	客	Herbst	秋
ss, ß	[s]	essen	食べる	Fußball	サッカー
sch	[ʃ]	Schule	学校	schön	美しい
語頭の **sp**	[ʃp]	Sport	スポーツ	sprechen	話す
語頭の **st**	[ʃt]	Student	大学生	Straße	通り
dt, th	[t]	Stadt	都市	Theater	劇場
tsch	[tʃ]	Deutsch	ドイツ語	tschüs	バイバイ
v	[f]	Vater	父	viel	多くの
	[v]	Vase	花瓶	Universität	大学
w	[v]	Wein	ワイン	warm	暖かい
z	[t͡s]	Zeit	時間	tanzen	踊る
ds, ts, tz	[t͡s]	abends	晩に	rechts	右に
		jetzt	いま		

挨拶の基本的な表現

Guten Morgen, Herr Schneider!	おはよう、シュナイダーさん。
Guten Tag, Frau Fischer!	こんにちは、フィッシャーさん。
Guten Abend!	こんばんは。
Gute Nacht!	おやすみ。
Auf Wiedersehen!	さようなら。
Hallo!	やあ。
Tschüs!	バイバイ。
Danke schön!	どうもありがとう。
Bitte schön!	どういたしまして。
Entschuldigung!	すみません。
Bitte!	どうぞ。

テキストの主な登場人物

Megumi Uchida 内田めぐみ
ケルン大学に留学している日本人学生

Thomas Becker トーマス・ベッカー
ケルン大学で勉強しているドイツ人学生

Anna Krüger アンナ・クリューガー
ケルン大学で勉強しているドイツ人学生

Leo Garcia レオ・ガルシア
ケルン大学に留学しているスペイン人学生

Daniela Bode ダニエラ・ボーデ
ケルン大学・ドイツ語学コースのドイツ人教師

Jan Nowak ヤン・ノヴァク
ケルン大学で勉強しているポーランド人学生

Mesut Ozay メスト・オザイ
ケルン大学で勉強しているトルコ人学生

ケルン大聖堂

テキストの舞台 ケルン（Köln）

　ケルンは、ノルトライン・ヴェストファーレン州にあるライン河畔の都市で、約2000年の歴史を持ちます。古代ローマ帝国の重要な植民地として建設され、その名は、ラテン語で植民地を意味する colonia に由来します。そのため、現在でも街の中にローマ時代の遺跡が数多く見られます。街のシンボルはユネスコ世界遺産に登録されているケルン大聖堂です。国際的な見本市や展示会などが頻繁に開かれるケルンは、今日、ベルリン、ハンブルク、ミュンヘンに次いで、約109万の人口を持つドイツ第4の経済・文化都市です。京都市の姉妹都市でもあります。

　ケルン大学は、2019年/20年冬学期、およそ51,000人の学生数を誇るドイツでもっとも大きな大学のひとつです。

Navigation ins Deutsche 3.0

Ryozo Maeda | Yoko Takagi

Schreiben Lesen Wissen →

← Sprechen Hören

Berlin Hauptbahnhof

ASAHI Verlag

Lektion 1
Lektion 2
Lektion 3
Lektion 4
Lektion 5
Lektion 6
Lektion 7
Lektion 8
Lektion 9
Lektion 10
Lektion 11
Lektion 12

Lektion 1 出会い (Begegnung)

●動詞の現在人称変化

1 現在人称変化

動詞の**不定詞**は、**語幹**と**語尾**から成り立っています。

$$\textbf{trinken} = \text{trink} + \textbf{en}$$

（不定詞）飲む　　（語幹）　　（語尾）

動詞は主語に応じて語尾が変化します。人称変化した動詞を定動詞といいます。

不定詞　**trinken**

1人称	私は	(I)	ich	**trinke**	私たちは	(we)	wir	**trinken**
2人称（親称）	きみは	(you)	du	**trinkst**	きみたちは	(you)	ihr	**trinkt**
3人称	彼は	(he)	er		彼らは			
	彼女は	(she)	sie	**trinkt**	彼女たちは	(they)	sie	**trinken**
	それは	(it)	es		それらは			
2人称（敬称）	あなたは	(you)	Sie	**trinken**	あなたたちは	(you)	Sie	**trinken**

◆ 親称2人称の du, ihr は親しい間柄（家族、友人、恋人、学生間など）で用います。
◆ 敬称2人称の Sie はそれ以外の間柄で用います。単複同形で、常に大文字で書き始めます。

2 定動詞の位置

1) 平叙文：2番目の位置に置きます。

Ich **trinke** jetzt Tee. 　　　　　　　　　　　私はいま紅茶を飲んでいます。

Jetzt **trinke** ich Tee. 　　　　　　　　　　　いま私はを紅茶を飲んでいます。

Tee **trinke** ich jetzt. 　　　　　　　　　　　紅茶を私はいま飲んでいます。

> ◆ 現在形は現在進行形の動作も表します。
> Ich trinke Tee. 　私は紅茶を飲みます。（＝I drink tea.）
> 　　　　　　　　　私は紅茶を飲んでいます。（＝I am drinking tea.）

2) 疑問詞のない疑問文：文頭に置きます。

Kommen Sie aus Berlin? 　　　　　　　　　あなたはベルリンの出身ですか。

— Ja, ich **komme** aus Berlin. 　　　　　　　はい、私はベルリンの出身です。

— Nein, ich **komme** nicht aus Berlin. 　　　いいえ、私はベルリンの出身ではありません。

➡ nicht の位置については22ページを参照。

3) 疑問詞のある疑問文：疑問詞を文頭に、次に定動詞を置きます。

Wo **wohnen** Sie jetzt? 　　　　　　　　　　あなたはいまどこに住んでいますか。

—Ich **wohne** jetzt in München. 　　　　　　私はいまミュンヘンに住んでいます。

> おもな疑問詞：wann いつ、warum なぜ、was 何が、何を、wer 誰が、wie どのように、
> 　　　　　　　wo どこで、woher どこから、wohin どこへ

次の会話文を和訳し、ペアで発音練習しましょう。さらに指示にしたがって赤字部分を入れ替えてペアで練習しましょう。

🎧 ❶ めぐみはトーマスと知り合いになります…
5

Thomas: Kommst du aus Japan?

Megumi: Ja, ich komme aus Tokyo. Und du?
　　　　 Woher kommst du?

Thomas: Ich komme aus Deutschland, aus Bonn.

1）du⇒Sie あなた　　2）du⇒ihr

🎧 ❷ トーマスは親切で気さくな学生です…
6

Thomas: Was trinkst du, Megumi?

Megumi: Ich trinke Apfelsaft. Ich trinke gern Saft.

Thomas: Dann hole ich Apfelsaft.

Megumi: Danke schön!

1）Apfelsaft⇒Weißwein　Saft⇒Wein　　2）Apfelsaft⇒Eistee　Saft⇒Tee

> ▶ ドイツでは、蒸留酒を除くビールやワインなどのアルコール類を16歳で飲むことができます。ちなみに、成人年齢は18歳です。

🎧 ❸ パーティーで出会った学生たち。さあトーマスとアンナの明日の予定は…
7

Thomas: Spielst du Tennis, Anna? Ich spiele morgen Tennis.
　　　　 Kommst du auch?

Anna: Ja, gerne. Kommt Leo?

Thomas: Nein, er kommt nicht. Er macht Gymnastik.

1）Tennis⇒Basketball　Leo⇒Megumi　　2）Tennis⇒Fußball　Leo⇒Megumi und Leo

📋 チェックポイント

1. 動詞を現在人称変化させましょう。

kommen 来る				spielen プレイする		
ich	_____	wir	_____	ich	_____	wir	_____
du	_____	ihr	_____	du	_____	ihr	_____
er/sie/es	_____	sie/Sie	_____	er/sie/es	_____	sie/Sie	_____

2. 動詞を適切な形に人称変化させ、正しい語順で文を完成させましょう。

1) 今日私はピアノを弾きます。（spielen, ich, Klavier）
　Heute _____

2) 彼はケルンに住んでいません。（wohnen, in, nicht, Köln）
　Er _____

Lektion 1
Lektion 2
Lektion 3
Lektion 4
Lektion 5
Lektion 6
Lektion 7
Lektion 8
Lektion 9
Lektion 10
Lektion 11
Lektion 12

3 口調上注意すべき現在人称変化

1) 語幹が d, t などで終わる動詞

arbeiten 働く

ich	arbeite	wir	arbeiten
du	arbeitest	ihr	arbeitet
er/sie/es	arbeitet	sie/Sie	arbeiten

◆ 主語が du, er/sie/es, ihr のとき、発音しやすいように、口調上の e を入れます。
他に、warten（待つ）、finden（見つける）などがあります。

2) 語幹が s, ss, ß, tz, z などで終わる動詞

heißen …という名前である

ich	heiße	wir	heißen
du	heißt	ihr	heißt
er/sie/es	heißt	sie/Sie	heißen

◆ 主語が du のとき、人称語尾が -t となります。
他に、reisen（旅行する）、tanzen（踊る）などがあります。

4 sein (= be)、haben (= have) の現在人称変化 （不規則動詞）

sein …である

ich	**bin**	wir	**sind**
du	**bist**	ihr	**seid**
er/sie/es	**ist**	sie/Sie	**sind**

haben …を持っている

ich	habe	wir	haben
du	**hast**	ihr	habt
er/sie/es	**hat**	sie/Sie	haben

◆ 職業・身分・国籍などを表す名詞が述語として用いられるとき、ふつう冠詞はつけません。
Ich bin Student. *(＝I am a student.)* 僕は学生です。

◆ 原則として「男性形＋in」で女性形をつくりますが、ウムラウトする場合もあります。
Student[in] 大学生　　Japaner[in] 日本人　　Arzt [Ärztin] 医者

ケルン大学本館

ケルン大学中庭

次の会話文を和訳し、ペアで発音練習しましょう。さらに指示にしたがって赤字部分を入れ替えてペアで練習しましょう。

🎧 ❹ トーマスには兄クラウスと姉クリスタがいます…
8

ルフトハンザ航空機

Megumi: Arbeitest du schon?

Klaus: Ja, ich arbeite bei Lufthansa(1).

Megumi: Was machst du da?

Klaus: Ich bin Pilot.

1）du➡Sie　あなた

2）du➡Christa　　Lufthansa➡BMW(2)　　Pilot➡Ingenieurin

　（1）Lufthansa ルフトハンザ・ドイツ航空　　（2）BMW ベー・エム・ヴェー（ドイツの自動車メーカー）

🎧 ❺ クリスタはめぐみに質問します…
9

ケルンのナンバープレートをつけたBMW車

Christa: Wie heißen Sie?

Megumi: Ich heiße Megumi Uchida.

Christa: Wie alt sind Sie?

Megumi: Ich bin 19.

Christa: Was studieren Sie?

Megumi: Ich studiere Geschichte.

1）Sie➡du

2）Sie➡er　　Megumi Uchida➡Leo Garcia　　19➡20　　Geschichte➡Chemie

➡ 数詞を74ページで練習しましょう。

🎧 ❻ レオがクラウスに尋ねています…
10

ケルンの旅行代理店

Leo: Du hast seit gestern(1) Urlaub.
Was machst du denn?

Klaus: Ich reise morgen nach Italien.

Leo: Warum reist du nach Italien?

Klaus: Ich lerne intensiv Italienisch.

1）du➡Sie　あなた

2）du➡Christa　　Italien➡Japan　　Italienisch➡Japanisch

　（1）seit（＝*since*）gestern「昨日から」　過去のある一時点から現在までの継続は現在形で表します。

📝 チェックポイント

1. 動詞を適切な形に人称変化させ、正しい語順で文を完成させましょう。

1）きみたちはもう長いあいだ待っていますか。(warten, schon, lange, ihr)

　..

2）きみは明日どこで踊りますか。(tanzen, du, wo, morgen)

　..

Sprechen あなた自身のことをペアで話しましょう。質問者をチェンジしたら、今度は du で質問しましょう。

1) Wie heißen Sie?　　　　　　　Ich _____ _____ _____.

2) Woher kommen Sie?　　　　　Ich _____ aus _____.

3) Wo wohnen Sie?　　　　　　　Ich _____ in _____.

4) Was studieren Sie?　　　　　Ich _____ _____.

5) Wie alt sind Sie?　　　　　　Ich _____ _____.

6) Lernen Sie jetzt Deutsch?　　_____, ich _____.

7) Reisen Sie gern?　　　　　　_____, ich _____.

Vokabular (1) 専攻名

Anglistik 英米語学・文学	Geschichte 歴史学	Germanistik ドイツ語学・文学
Japanologie 日本学	Philosophie 哲学	Psychologie 心理学
Pädagogik 教育学	Soziologie 社会学	Musik 音楽
BWL (Betriebswirtschaftslehre) 経営学		VWL (Volkswirtschaftslehre) 経済学
Jura 法学	Biologie 生物学	Chemie 化学
Mathematik 数学	Medizin 医学	Physik 物理学

Vokabular (2) 国名・国民・言語

国名	国民（男性）	（女性）	言語
Deutschland ドイツ	Deutscher	Deutsche	Deutsch
Österreich オーストリア	Österreicher	Österreicherin	Deutsch
die Schweiz スイス	Schweizer	Schweizerin	Deutsch/Französisch /Italienisch[1]
England イギリス	Engländer	Engländerin	Englisch
Frankreich フランス	Franzose	Französin	Französisch
Italien イタリア	Italiener	Italienerin	Italienisch
Spanien スペイン	Spanier	Spanierin	Spanisch
die USA (Amerika) アメリカ合衆国	Amerikaner	Amerikanerin	Englisch
Japan 日本	Japaner	Japanerin	Japanisch
China 中国	Chinese	Chinesin	Chinesisch

1) スイスには、この他にレトロマン語を入れて4つの公用語があります。

 **Hören**　音声を聞いて、トーマス、アンナ、レオ、めぐみの大学での専攻科目と勉強している
言語をドイツ語で書きましょう。

13

	a) Thomas	b) Anna	c) Leo	d) Megumi
専攻科目	_____	_____	_____	*Geschichte*
言　語	_____	_____	*Deutsch*	_____
	Englisch	_____	_____	_____

Wissen　**ドイツ経済とドイツ語学習** ◇◇◇◇◇◇◇◇◇◇◇◇◇◇◇◇◇◇◇◇◇◇◇◇◇◇◇◇◇◇◇◇◇◇◇◇

　2022年、コロナ禍にあってもドイツの国内総生産（GDP）はユーロ圏で第1位を維持し、
ユーロ圏全体の約3割を占めていて、ドイツ経済はユーロ圏経済に大きな影響を与えています。
2020年、世界では、およそ1540万人が外国語としてドイツ語を学びました。この数字は
2015年と比較するとほぼ同数となっています。ドイツ語学習者がもっとも多いのは依然とし
てヨーロッパです（約1120万人）。ヨーロッパの中では、経済的・地理的な結びつきの強いポ
ーランドが約200万人で1位、隣国のフランスが約119万人で2位でした。アフリカとアジアで
はドイツ語学習者は増加しています。エジプトでは約40万人で、2015年比で（以下同）プラ
ス60％、ケニアでは約1万3000人で、プラス117％でした。アジアでも、インドが約21万人
で、プラス37％、中国が約14万人で、プラス33％でした。ドイツの大学で勉強・研究をした
い、またはドイツで仕事をしたいというのが、ドイツ語を学習する主な動機となっています。
ミュンヘンに本部を置き、ドイツ国内および世界92カ国でドイツ語学校を運営するゲーテ・イ
ンスティトゥート（Goethe-Institut）は、日本では、東京、大阪、京都にあり、ドイツ関連
のさまざまなイベントを行っています。

失業率の推移

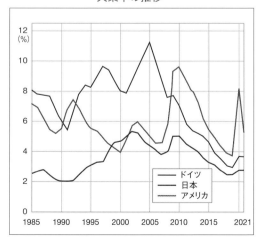

債務残高の対GDP比率

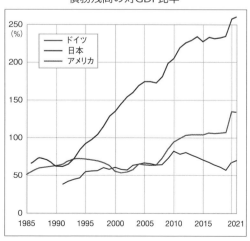

1 名詞の性と格

1) 名詞には、**男性名詞・女性名詞・中性名詞**という文法上の3つの性があります。名詞は大文字で書き始めます。

男性名詞：	Mann	男性	Tisch	机
女性名詞：	Frau	女性	Uhr	時計
中性名詞：	Kind	子供	Bett	ベッド

2) 名詞には、文中で果たす役割を示すために、**1格、2格、3格、4格**の4つの格があります。
1格は日本語の「～は／～が」、2格は「～の」、3格は「～に」、4格は「～を」に相応します。

◆ ただし、A ist B.「A は B である。」という構文では、主語の A も述語の B も1格です。

2 定冠詞 der *(= the)* と名詞の格変化

		男性名詞 （*m.*）	女性名詞 （*f.*）	中性名詞 （*n.*）	複数形 （*pl.*）
		その男の人	その女の人	その子供	それらの子供たち
1格	～は／～が	der Mann	die Frau	das Kind	die Kinder
2格	～の	des Mann[e]s	der Frau	des Kind[e]s	der Kinder
3格	～に	dem Mann	der Frau	dem Kind	den Kindern
4格	～を	den Mann	die Frau	das Kind	die Kinder

◆ 男性名詞・中性名詞の単数2格には -[e]s がつきます。
◆ 複数名詞の3格には -n がつきます。ただし、n または s で終わる複数形にはつけません。
➡ 複数形については10ページを参照。

3 格の用法

1格	**Der Mann** ist Japaner.	**その男性**は日本人です。
2格	Das Auto **des Mann**[e]s ist neu.	**その男性**の車は新しいです。
3格	Ich danke **dem Mann**.	私は**その男性**に感謝します。
4格	Ich besuche **den Mann**.	私は**その男性**を訪問します。

4 不定冠詞 ein *(= a/an)* と名詞の格変化

		男性名詞 （*m.*）	女性名詞 （*f.*）	中性名詞 （*n.*）	複数形 （*pl.*）
		ひとりの男の人	ひとりの女の人	ひとりの子供	子供たち
1格	～は／～が	ein Mann	eine Frau	ein Kind	Kinder
2格	～の	eines Mann[e]s	einer Frau	eines Kind[e]s	Kinder
3格	～に	einem Mann	einer Frau	einem Kind	Kindern
4格	～を	einen Mann	eine Frau	ein Kind	Kinder

次の会話文を和訳し、ペアで発音練習しましょう。さらに指示にしたがって
赤字部分を入れ替えてペアで練習しましょう。

14 **❶** めぐみはトーマスに尋ねます…

Megumi:　Was ist das[(1)]?

Thomas:　Das ist ein Supermarkt.

Megumi:　Ist der Supermarkt neu?

Thomas:　Ja, er[(2)] ist sehr neu.

1）der Supermarkt➡die Kirche　　neu➡alt
2）der Supermarkt➡das Kino　　　neu➡groß

　（1）この das は中性名詞の定冠詞の das ではなく、「これ」「それ」を表す指示代名詞です。物や人を紹介的に指すとき、
　　　その物や人の文法上の性に関係なく用います。
　　　Das ist eine Uhr. これは時計です。(＝*This is a clock.*)
　（2）人称代名詞は、男性名詞は er、女性名詞は sie、中性名詞は es、複数名詞は sie（彼ら／それら）です。

ケルン大聖堂

15 **❷** 2人はカフェに入って、大学の履修要項を見ながら授業について話します…

Megumi:　Der Unterricht des Lehrers ist wirklich gut.

Thomas:　Wie findest du den Lehrer?

Megumi:　Er ist ganz nett.

Thomas:　Da hast du Glück!

1）der Unterricht➡die Vorlesung
　der Lehrer➡der Professor
2）der Unterricht➡das Seminar
　der Lehrer➡die Professorin

カフェで語らう学生たち

➡ チェックポイント

1. 定冠詞と名詞を格変化させましょう。

1格	der Bahnhof　駅	die Post　郵便局	das Kaufhaus　デパート
2格			
3格			
4格			

2. 不定冠詞と名詞を格変化させましょう。

1格	ein Tisch　机(*m.*)	eine Uhr　時計(*f.*)	ein Bett　ベッド(*n.*)
2格			
3格			
4格			

3. 定冠詞と名詞を適切な形に格変化させ、正しい語順で文を完成させましょう。

1）これはその友人の携帯電話です。(der Freund, das Handy, ist, das)

5　疑問代名詞 wer と was の格変化

	誰？（=who）	何？（=what）
1格　〜は/〜が	wer	was
2格　〜の	wessen	－
3格　〜に	wem	－
4格　〜を	wen	was

Wer wohnt hier?　　　　　　　　　**誰が**ここに住んでいますか。
Wessen Auto ist das?　　　　　　　これは**誰の**車ですか。
Wem dankst du?　　　　　　　　　きみは**誰に**感謝していますか。
Wen besuchen Sie?　　　　　　　　あなたは**誰を**訪問しますか。
Was steht da?　　　　　　　　　　**何が**そこに立っていますか。
Was kauft er?　　　　　　　　　　彼は**何を**買いますか。

6　名詞の複数形の 5 タイプ

		幹母音a, o, u, au の変音	単数1格	→	複数1格
1) 無語尾型	—	変音なし	der Onkel	叔父	die Onkel
	¨	変音あり	der Vater	父	die Väter
2) E型	— e	変音なし	der Tag	日	die Tage
	¨ e	変音あり	die Nacht	夜	die Nächte
3) ER型	¨ er	変音あり	das Buch	本	die Bücher
4) (E)N型	— en	変音なし	die Frau	女性	die Frauen
	— n	変音なし	die Blume	花	die Blumen
5) S型	— s	変音なし	das Auto	車	die Autos

◆ 複数名詞の3格には **-n** をつけます。ただし、（E)N 型と S 型にはつけません。
　　➡ 複数形の格変化については 8 ページを参照。

7　男性弱変化名詞

男性名詞のうち、単数1格以外のすべての格で語尾が -[e]n となるものがあります。

	単数		複数		単数		複数	
1格	der	Student 大学生	die	Studenten	der	Junge 少年	die	Jungen
2格	des	Studenten	der	Studenten	des	Jungen	der	Jungen
3格	dem	Studenten	den	Studenten	dem	Jungen	den	Jungen
4格	den	Studenten	die	Studenten	den	Jungen	die	Jungen

◆ 他に、Mensch 人間、Kollege 同僚、Polizist 警察官、Präsident 大統領　などがあります。

次の会話文を和訳し、ペアで発音練習しましょう。さらに指示にしたがって赤字部分を入れ替えてペアで練習しましょう。

🎧 **3** めぐみとトーマスは高級住宅街へ…
16

Megumi: Wem gehört⁽¹⁾ das Haus dort? Es ist schön!

Thomas: Es gehört einem Politiker.

Megumi: Und die Wohnung daneben?

Thomas: Das ist die Wohnung eines Schauspielers.

Megumi: Aha. Sie sind reich!

1) der Politiker→die Politikerin　　der Schauspieler→die Schauspielerin
2) der Politiker→der Fußballspieler　der Schauspieler→die Sängerin
　（1）gehören＋人の3格「〜のものである」

🎧 **4** まず、めぐみが買い物をします…
17

Megumi: Guten Tag! Ich suche eine Tasche.

Verkäufer: Die Tasche hier ist praktisch.

Megumi: Was kostet die Tasche?

Verkäufer: Sie kostet 18 Euro⁽¹⁾.

Megumi: Dann nehme ich die Tasche.

1) die Tasche→der Kuli　18 Euro→1,15 Euro（ein[en] Euro fünfzehn［Cent]）
2) die Tasche→das Etui　18 Euro→10 Euro
　（1）Euro「ユーロ」は男性名詞。1 Euro＝100 Cent。Cent「セント」も男性名詞。

🎧 **5** 今度はトーマスが買い物をする番です…
18

Thomas: Entschuldigung! Wo finde ich Hefte?

Verkäuferin: Hefte haben wir da hinten. Wie viele Hefte⁽¹⁾ brauchen Sie?

Thomas: Ich brauche drei Hefte.

1) das Heft, -e→die Mappe, -n　　3→5
2) das Heft, -e→der Bleistift, -e　3→12
　（1）Wie viele＋複数名詞〜？（＝*How many*＋複数名詞〜？）「いくつの〜？」

📖 チェックポイント

1. 名詞を複数形にして、定冠詞と格変化させましょう。

	der Stuhl, ⸚e　椅子	die Katze, -n　猫	das Hotel, -s　ホテル
1格			
2格			
3格			
4格			

🎧 19 **Lesen**　テキストを訳しましょう。

　　Köln hat ein Symbol, nämlich den Dom.　Der Dom ist gotisch.　Heute besichtigen Megumi und Thomas den Dom und die Altstadt.　Das Wetter ist schön.　Die Sonne scheint.　Der Rhein glänzt.　Und[1] der Dom ist wie immer riesig und prächtig.　Die Fähigkeit des Menschen ist erstaunlich! Megumi und Thomas
5　finden ein Café.　Es ist bekannt.　Megumi trinkt einen Orangensaft.　Thomas trinkt einen Kaffee.　In Marienburg[2] sehen sie Villen und Parks.　Dann besuchen sie den Neumarkt[3].　Neumarkt ist der Name eines Platzes in Köln.　Dort machen sie Einkäufe.　Megumi kauft eine Tasche.　Thomas kauft Hefte.　Zuletzt essen sie Würste und trinken Bier.　Das Kölsch[4] schmeckt sehr gut!

1) und 「そして」並列の接続詞。並列の接続詞は後続の語順に影響を与えません。
2) Marienburg 「マリーエンブルク」ケルン市にあるライン河畔の一地区の名称。
3) der Neumarkt 「ノイマルクト」ケルン市の繁華街にある広場の名称。
4) das Kölsch 「ケルシュ」ケルンのビール。

ケルシュ

🎧 20 **Vokabular (3)**　形容詞

gut 良い ⇔ schlecht 悪い		alt 年老いた、古い ⇔ jung 若い / neu 新しい	
groß 大きい ⇔ klein 小さい		lang 長い ⇔ kurz 短い	
teuer 高価な ⇔ billig 廉価な		schnell 速い ⇔ langsam 遅い	
früh 早い ⇔ spät 遅い		stark 強い ⇔ schwach 弱い	
schwer 重い、難しい ⇔ leicht 軽い、容易な		interessant 興味深い ⇔ langweilig 退屈な	
schön 美しい ⇔ hässlich 醜い		gesund 健康な ⇔ krank 病気の	
fleißig 勤勉な ⇔ faul 怠惰な		heiß 暑い、熱い ⇔ kalt 寒い、冷たい	

◆ 形容詞はそのままの形で副詞として使うことができます。
　Sie ist schön.（＝*She is beautiful.*）　彼女は美しい。（schön は形容詞）
　Sie singt schön.（＝*She sings beautifully.*）　彼女は美しく歌います。（schön は副詞）

🎧 21 **Hören**　音声を聞いて、トーマス、アンナ、レオ、めぐみが買うものと形容詞をドイツ語で書きましょう。

	a) Thomas	b) Anna	c) Leo	d) Megumi
買うもの	_____	_____	_____	Wörterbuch
形容詞	teuer	_____	_____	_____

Etui(*n.*) 筆箱　Computer(*m.*) コンピューター　Wörterbuch(*n.*) 辞書　Brille(*f.*) メガネ

Wissen　EU とユーロ ◇◇◇

　EU（欧州連合）の歴史は、戦後1952年に発足した欧州石炭鉄鋼共同体（ECSC）にさかのぼります。当初の加盟国はベルギー、ドイツ（西ドイツ）、フランス、イタリア、ルクセンブルク、オランダでした。その後、この6カ国が加盟国を増やして欧州共同体（EC）へと発展。さらに1992年、12カ国がマーストリヒト条約に調印して、欧州連合（EU）が誕生しました。1989年ベルリンの壁が崩壊すると、旧東欧諸国に向けて EU の拡大は一挙に加速し、2004年には東欧・地中海圏の10カ国が加わりました。2022年現在、EU加盟国は27カ国、本部はベルギーのブリュッセルにあります。EU の単一通貨ユーロは、1999年、現金を伴わない決済用通貨としてまず開始され、2002年にはユーロの紙幣と通貨が流通しました。ユーロ導入国、いわゆるユーロ圏は2022年現在19カ国です。その金融政策を握る欧州中央銀行（ECB）の本部は、ドイツ中部の金融都市フランクフルトに置かれています。しかしEUが拡大すればするほど、経済格差や国民気質など、加盟各国の差異が際立ってきます。2020年のイギリスのEU離脱に見られるように、各国が自国の権利や主張を抑え、EUに共通した目的のためにどれほど妥協できるのか、そのバランスが今後のEUの大きな課題となってくるでしょう。

フランクフルトのECB

EU加盟国地図

　□□□ EU加盟国　　□はユーロ導入国（2022年 5 月現在）

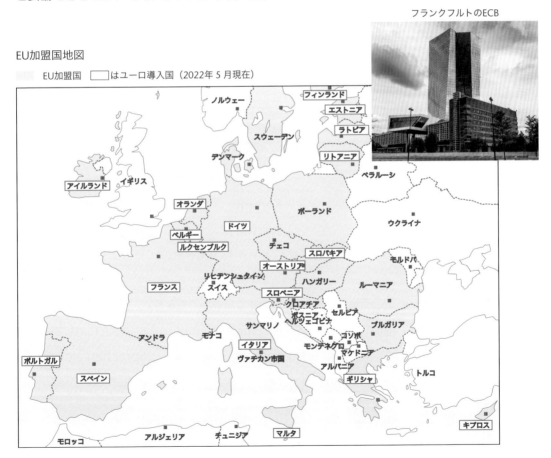

1 不規則動詞の現在人称変化

動詞の中には、親称2人称単数（du）と3人称単数（er /sie /es）で、現在人称変化の語幹の母音が変わるものがあります。その母音の変化にしたがって、おもに3つのタイプがあります。

不定詞	① a→ä 型		② e(短母音)→i 型		③ e(長母音)→ie 型		特殊型	
	fahren 乗り物で行く	schlafen 眠る	sprechen 話す	essen 食べる	sehen 見る	lesen 読む	werden ～になる	wissen 知っている
ich	fahre	schlafe	spreche	esse	sehe	lese	werde	weiß
du	fährst	schläfst	sprichst	isst1)	siehst	liest2)	wirst	weißt
er/sie/es	fährt	schläft	spricht	isst	sieht	liest	wird	weiß
wir	fahren	schlafen	sprechen	essen	sehen	lesen	werden	wissen
ihr	fahrt	schlaft	sprecht	esst	seht	lest	werdet	wisst
sie/Sie	fahren	schlafen	sprechen	essen	sehen	lesen	werden	wissen

1) 語幹が ss で終わっているので、人称語尾は t のみになります。
2) 語幹が s で終わっているので、人称語尾は t のみになります。
　⇒ 語幹が s, ss で終わる動詞の現在人称変化については 4 ページを参照。

2 動詞の命令形

1) 命令形のつくりかた：不定詞の語幹に次の語尾をつけます。

不定詞	du に対して	ihr に対して	Sie に対して
—en	—[e]!	—t!	—en Sie!
kommen 来る	Komm[e]!	Kommt!	Kommen Sie!
warten 待つ	Warte!	Wartet!	Warten Sie!

◆ 語幹が -d, -t などで終わる動詞の場合、du に対する命令形は、語尾 e を省略しません。また、ihr に対する命令形は、-et となります。

2) ② e→i 型、③ e→ie 型の不規則動詞：du に対する命令形でも変音し、語尾 e をつけません。

不定詞	du に対して	ihr に対して	Sie に対して
sprechen 話す	Sprich!(du sprichst)	Sprecht!	Sprechen Sie!
sehen 見る	Sieh!（du siehst）	Seht!	Sehen Sie!

◆ ① a→ä 型の不規則動詞は、命令形では変音せず、kommen と同じようにつくります。

3) sein の命令形

不定詞	du に対して	ihr に対して	Sie に対して
sein …である	Sei …!	Seid …!	Seien Sie …!

次の会話文を和訳し、ペアで発音練習しましょう。さらに指示にしたがって赤字部分を入れ替えてペアで練習しましょう。

🎧 ❶　アンナとめぐみは共同のキッチンで遅めの朝食をとっています…
22

Anna: 　Was isst du gern zum Frühstück^(1)?

Megumi: 　Ich esse gern Brot mit Käse. Ich trinke dazu Milch.
　　　　　　Und du?

Anna: 　Zum Frühstück esse ich gern Müsli mit Joghurt.
　　　　　　Ich trinke immer Kaffee.

1) du➡er　du➡sie 彼女　　　2) du➡ihr　du➡ihr
　　(1) zum Frühstück「朝食に」

🎧 ❷　やがて2人の話題は将来のことに…
23

Megumi: 　Du studierst BWL. Was wirst du später?

Anna: 　Ich weiß es noch nicht. Vielleicht mache ich Karriere und
　　　　　　werde Managerin. Was wirst du?

Megumi: 　Ich werde wohl Journalistin.

1) du➡Thomas　　　　BWL➡Jura　　　Managerin➡Anwalt　　　du➡Leo　　　Journalistin➡Professor
2) du➡Sie あなた　　BWL➡VWL　　　Managerin➡Politikerin　du➡Sie あなた　Journalistin➡Ärztin

🎧 ❸　さて、めぐみは今日何をするのでしょう…
24

Anna: 　Was machst du heute? Heute ist ja Samstag.

Megumi: 　Hm. Ich wasche Wäsche, lerne Deutsch und...

Anna: 　Du lernst zu viel und schläfst zu wenig. Schlaf doch mal lange!

1) du➡ihr
2) du➡Sie あなた

📋 チェックポイント

1. 不規則動詞を現在人称変化させましょう。（*は不規則動詞）

geben* 与える

ich	....	wir	....
du	....	ihr	....
er/sie/es	....	sie/Sie	....

nehmen* 取る

ich	....	wir	....
du	....	ihr	....
er/sie/es	....	sie/Sie	....

2. du, ihr, Sie に対する命令形をつくりましょう。
　1) ゆっくり運転して! (fahren*, langsam)　　　2) その新聞を読んで! (lesen*, die Zeitung)

du ➡ .... !　　　.. !
ihr ➡ .... !　　　.. !
Sie ➡ .... !　　　.. !

3 人称代名詞の3格・4格

		1人称	2人称		3人称		
単数	1格 ～は/～が	ich 私	du きみ	Sie あなた	er 彼　　sie 彼女　　es それ		
	3格 ～に	mir	dir	Ihnen	ihm　　ihr　　ihm		
	4格 ～を	mich	dich	Sie	ihn　　sie　　es		
複数	1格 ～は/～が	wir 私たち	ihr きみたち	Sie あなたたち	sie 彼ら/彼女たち/それら		
	3格 ～に	uns	euch	Ihnen	ihnen		
	4格 ～を	uns	euch	Sie	sie		

4 3格目的語と4格目的語の語順

1) 両方とも名詞：**3格＋4格**

Ich gebe dem Mann die Karte.　　　　　　　　　　私はその男性にそのカードを渡します。

2) 一方が名詞、他方が代名詞：**代名詞＋名詞**

Ich gebe ihm die Karte.　　　　　　　　　　　　　私は彼にそのカードを渡します。

Ich gebe sie dem Mann.　　　　　　　　　　　　　私はそれをその男性に渡します。

3) 両方とも代名詞：**4格＋3格**

Ich gebe sie ihm.　　　　　　　　　　　　　　　　私はそれを彼に渡します。

5 非人称の es

特定の意味を持たない非人称の es を主語として用いる場合があります。

1) 天候・時間の表現

Es regnet.　　　　　　　　　　　　　　　　　　雨が降っています。

Es ist sehr kalt.　　　　　　　　　　　　　　　とても寒いです。

Es ist sieben Uhr.　　　　　　　　　　　　　　7時です。

2) 熟語・慣用句

a) es gibt＋4格　「～がある」

Es gibt hier einen Park.　　　　　　　　　　　ここにはひとつの公園があります。

b) es geht＋3格　「～の具合・調子は～である」

Wie **geht es** Ihnen? — Danke, **es geht** mir gut.

お元気ですか。— ありがとう、元気です。

6 不定代名詞の man

不定代名詞の man は、漠然と「人」を表し、主語を特定しないときに用います。3人称単数として扱いますが、人称代名詞の er で受けることはできず、必要なときには man を繰り返します。

Spricht **man** in Österreich Deutsch? — Ja, **man** spricht in Österreich Deutsch.

オーストリアではドイツ語を話しますか。— はい、オーストリアではドイツ語を話します。

次の会話文を和訳し、ペアで発音練習しましょう。さらに指示にしたがって赤字部分を入れ替えてペアで練習しましょう。

④ アンナ、めぐみ、トーマスは、夕食の食卓を囲んでいます…
25

Thomas: Leo hat übermorgen Geburtstag.

Anna: Wirklich? Was schenkst du ihm? Hast du schon eine Idee?

Thomas: Ja. Ich schenke ihm zwei Konzertkarten. Er hört gern Musik.

Anna: Und wir kaufen ihm Blumen!

1）Leo➡Sara   2）Leo➡Hans und Julia

⑤ 話は、明日の日曜日の予定に…
26

Thomas: Was macht ihr morgen? Morgen gibt es ein Konzert
von Beethoven in Düsseldorf. Kommt ihr auch?

Megumi: Ja, sehr gern. Wann beginnt das Konzert?

Thomas: Um acht.
Gehen wir vorher noch japanisch essen?(1)

Megumi: Prima!

1）das Konzert von Beethoven➡der Vortrag   8:00➡6:30
2）das Konzert von Beethoven➡die Party   8:00➡4:00
　（1）gehen ＋動詞の不定詞（= go + ~ing)「〜しに行く」

➡ 時刻の表現を76ページで練習しましょう。

Sushiバー

⑥ 日曜日、デュッセルドルフの日本食料理店で、3人はメニューを見ながら…
27

Thomas: Was trinkt man in Japan zum Abendessen(1)?

Megumi: Man trinkt Sake, aber auch Bier und Wein.
Nimm doch mal Bier aus Japan!
Heute ist es sehr warm.

Thomas: Okay. Danach probiere ich auch Sake.

日本食レストランの看板

1）trinken➡essen   Sake, Bier, Wein➡Ramen, Udon, Yakisoba   sehr warm➡sehr kalt
2）trinken➡bestellen   Sake, Bier, Wein➡Sushi, Sukiyaki, Tempura   sehr warm➡ziemlich kühl
　（1）zum Abendessen「夕食に」

 チェックポイント

1. 下線部を人称代名詞にして文を書き換えましょう。

1）Wir zeigen dem Professor die Stadt.　私たちはその教授にその街を案内します。

_____

2）Ich schicke der Freundin das Buch.　私はその女友達にその本を送ります。

_____

Sprechen あなた自身のことをペアで話しましょう。

1）Was isst du gern zum Frühstück?

Zum Frühstück _____.

2）Was trinkst du immer zum Frühstück?

Zum Frühstück _____.

3）Was isst du gern zu Mittag?

Zu Mittag _____.

4）Was trinkst du meistens zu Mittag?

Zu Mittag _____.

5）Was isst du gern zu Abend?

Zu Abend _____.

6）Was trinkst du oft zu Abend?

Zu Abend _____.

Vokabular (4) 食べ物・飲み物

Kaffee (m.) コーヒー	Tee (m.) 紅茶	Orangensaft (m.) オレンジジュース
Apfelsaft (m.) リンゴジュース	Mineralwasser (n.) ミネラルウォーター	
Cola (f. / n.) コーラ	Milch (f.) 牛乳	Bier (n.) ビール
Wein (m.) ワイン	Sake (m.) 日本酒	Brot (n.) パン
Reis (m.) 米	Müsli (n.) ミューズリ	Käse (m.) チーズ
Fleisch (n.) 肉	Fisch (m.) 魚	Wurst (f.) ソーセージ
Schinken (m.) ハム	Gemüse (n.) 野菜	Salat (m.) サラダ
Obst (n.) 果物	Joghurt (m. / n.) ヨーグルト	Suppe (f.) スープ
Misosuppe (f.) 味噌汁	Nudeln (pl.) 麺類	Spaghetti (pl.) スパゲッティ
Pizza (t.) ピザ	Sandwich (m. / n.) サンドイッチ	
Kuchen (m.) ケーキ	Eis (n.) アイスクリーム	Pudding (m.) プリン

Hören 音声を聞いて、トーマス、アンナ、レオ、めぐみが昼食に何を食べて飲むのが好きかをドイツ語で書きましょう。

	a) Thomas	b) Anna	c) Leo	d) Megumi
食べ物	____	Salat	____	____
飲み物	____	____	Wein	____

　日本とドイツ ◇◇◇

　1861年（万延元年）1月24日に日本とプロイセンが修好通商条約を締結したのを記念して、2011年、日独交流150周年が祝われました。1871年（明治4年）、明治政府は近代国家としての新日本建設のため、岩倉具視を全権大使とする使節団を欧米に派遣します。大使一行はアメリカ、フランスなどを経て、1873年（明治6年）3月9日、当時のドイツ帝国の首都ベルリンへ入りました。このとき、鉄血宰相ビスマルクに招待された岩倉、大久保利通、木戸孝允、伊藤博文らはビスマルクに魅了されたと言います。大日本帝国憲法の制定、陸軍の改革などはドイツが模範とされました。これを受けて、作家の森鷗外、医学者の北里柴三郎を始め、医学、法学、軍事、哲学など、さまざまな分野の日本人エリートたちが続々とドイツへ留学していきます。1914年（大正3年）に勃発した第一次世界大戦時には、日本はドイツと敵対する連合国側で参戦したため、日本人のドイツへの渡航も一時断絶しました。1920年代になると、哲学者の和辻哲郎、劇作家・俳優の千田是也など、ドイツ在留日本人数は再び増加します。1931年、文部省在外研究員の渡航先は、アメリカ（149人）を抜いて、ドイツ（175人）がトップでした。しかし日本とドイツとの関係を語るとき、何と言っても忘れてならないのは、残念ながら、ヒトラー・ドイツとの軍事同盟でしょう。1933年（昭和8年）1月30日にヒトラー内閣が成立すると、日独の外交関係は、1936年（昭和11年）の日独防共協定、そして第二次世界大戦開始後の1940年（昭和15年）には日独伊三国同盟と、戦争へ突き進んでいきました。第二次世界大戦後、当時の西ドイツと日本の外交関係は1950年代前半に回復されました。2020年の統計では、ドイツの在留日本人総数約4万1757人のうち、都市別に比較すると、トップは日系企業の多いデュッセルドルフで、それにミュンヘン、ベルリン、フランクフルトなどが続いています。

森 鷗外

岩倉全権大使一行
（左から木戸、山口尚芳、岩倉、伊藤、大久保）

日独防共協定調印式
（調印するリッベントロップとそれを見守る駐独大使の武者小路公共）

北里 柴三郎

Lektion 1
Lektion 2
Lektion 3
Lektion 4
Lektion 5
Lektion 6
Lektion 7
Lektion 8
Lektion 9
Lektion 10
Lektion 11
Lektion 12

Lektion 4 ベルリンへの研修旅行 (Exkursion nach Berlin)
●定冠詞類・不定冠詞類

1 定冠詞類

定冠詞類は定冠詞とほぼ同じ変化をしますが、中性名詞の1格・4格が定冠詞と異なります。

➡ 定冠詞の格変化については 8 ページを参照。

> **dieser** (= *this*) この **jener** (= *that*) あの **jeder** (= *every*) 各々の（単数形のみ）
> **aller** (= *all*) すべての **solcher** (= *such*) そのような **welcher** (= *which*) どの など

	男性名詞 (*m.*)	女性名詞 (*f.*)	中性名詞 (*n.*)	複数形 (*pl.*)
	この男の人	この女の人	この子供	これらの子供たち
1格	dieser Mann	diese Frau	dieses Kind	diese Kinder
2格	dieses Mann[e]s	dieser Frau	dieses Kind[e]s	dieser Kinder
3格	diesem Mann	dieser Frau	diesem Kind	diesen Kindern
4格	diesen Mann	diese Frau	dieses Kind	diese Kinder

◆ 副詞的4格：diese Woche (*f.*) (= *this week*)「今週」、jeden Morgen (*m.*) (= *every morning*) 「毎朝」
のように、名詞の4格は副詞的に用いられることがあります。

2 不定冠詞類

不定冠詞類は不定冠詞と同じ変化をします。不定冠詞類には所有冠詞と否定冠詞 kein があります。

➡ 不定冠詞の格変化については 8 ページを参照。

所有冠詞

> (ich→) mein (= *my*) 私の (wir→) unser (= *our*) 私たちの
> (du→) dein (= *your*) きみの (ihr→) euer (= *your*) きみたちの
> (er→) sein (= *his*) 彼の
> (sie→) ihr (= *her*) 彼女の (sie→) ihr (= *their*) 彼らの／彼女たちの／それらの
> (es→) sein (= *its*) それの
> (Sie→) Ihr (= *your*) あなたの (Sie→) Ihr (= *your*) あなたたちの

	男性名詞 (*m.*)	女性名詞 (*f.*)	中性名詞 (*n.*)	複数形 (*pl.*)
	私の夫	私の妻	私の子供	私の子供たち
1格	mein Mann	meine Frau	mein Kind	meine Kinder
2格	meines Mann[e]s	meiner Frau	meines Kind[e]s	meiner Kinder
3格	meinem Mann	meiner Frau	meinem Kind	meinen Kindern
4格	meinen Mann	meine Frau	mein Kind	meine Kinder

次の会話文を和訳し、ペアで発音練習しましょう。さらに指示にしたがって赤字部分を入れ替えてペアで練習しましょう。

❶ めぐみはベルリン旅行の準備をします…
30

Megumi:	Haben Sie einen Reiseführer von Berlin?
	Welchen Reiseführer empfehlen Sie?
Verkäuferin:	Dann empfehle ich Ihnen diesen Reiseführer hier.
	Er ist sehr informativ.
	Wann reisen Sie nach Berlin?
Megumi:	Diese Woche.
Verkäuferin:	Hoffentlich wird die Reise schön!

1）der Reiseführer→das Buch　　die Woche→das Wochenende
2）der Reiseführer→die Zeitschrift　die Woche→der Freitag

ブランデンブルク門

❷　いよいよ明日出発ですが、めぐみとレオの話は家族のことに…
31

Megumi:	In Berlin besuchst du deinen Bruder.
Leo:	Ja. Mein Bruder wohnt auch in Deutschland.
	Megumi, das ist ein Foto meiner Familie.
	Hier sind meine Eltern.
	Das hier ist mein Bruder.
Megumi:	Und wer ist das? Deine Schwester?
Leo:	Nein, das ist meine Tante.

1）der Bruder→die Schwester　　　die Schwester→der Bruder　die Tante→der Onkel
2）der Bruder→die Großeltern (*pl.*)　die Schwester→der Bruder　die Tante→der Freund

ポツダム広場駅

📖 チェックポイント

1. 定冠詞類と名詞を格変化させましょう。

	welche Jacke ジャケット	jedes Kleid ワンピース	alle Schuhe (*pl.*) 靴
1格			
2格			
3格			
4格			

2. 所有冠詞と名詞を格変化させましょう。

	sein Vater 父	unsere Mutter 母	euere Eltern (*pl.*) 両親
1格			
2格			
3格			
4格			

Lektion 1
Lektion 2
Lektion 3
Lektion 4
Lektion 5
Lektion 6
Lektion 7
Lektion 8
Lektion 9
Lektion 10
Lektion 11
Lektion 12

3 否定冠詞 kein の用法

1）不定冠詞 ein のついた名詞を否定する場合

Ich habe **ein** Haus. → Ich habe **kein** Haus.　　　　私は家を持っていません。

2）無冠詞の名詞を否定する場合

Ich habe Zeit. → Ich habe **keine** Zeit.　　　　私には時間がありません。

Ich habe Kinder. → Ich habe **keine** Kinder.　　　　私には子供がいません。

◆ ただし、定冠詞・定冠詞類・所有冠詞のついた名詞を否定する場合は nicht を用います。

Ich kaufe das Haus. → Ich kaufe das Haus **nicht**.　　　　私はその家を買いません。

4 nicht の位置

1）全文否定の場合：一般に nicht は文末に置きます。

Ich kaufe das Haus **nicht**.　　　　私はその家を買いません。

◆ ただし、動詞 sein「～である」や werden「～になる」と結びついて述語になる形容詞や名詞がある場合、nicht はその形容詞や名詞の直前に置きます。

Ich bin **nicht** krank.　　　　私は病気ではありません。

2）部分否定の場合：否定したい語（句）の直前に置きます。

Ich kaufe **nicht** das Haus hier, sondern das Haus da.

　　　　私はここにあるその家は買いませんが、そこにあるその家は買います。

5 ja, nein, doch の用法

1）質問が肯定の場合

Kommen Sie heute?　　　　あなたは今日来ますか？

　— **Ja**, ich komme heute.　　　　はい、私は今日行きます。

　— **Nein**, ich komme heute **nicht**.　　　　いいえ、私は今日行きません。

Haben Sie Zeit?　　　　あなたは時間がありますか？

　— **Ja**, ich habe Zeit.　　　　はい、私は時間があります。

　— **Nein**, ich habe **keine** Zeit.　　　　いいえ、私は時間がありません。

2）質問が否定の場合

Kommen Sie heute **nicht**?　　　　あなたは今日来ないのですか？

　— **Doch**, ich komme heute.　　　　いいえ、私は今日行きます。

　— **Nein**, ich komme heute **nicht**.　　　　はい、私は今日行きません。

Haben Sie **keine** Zeit?　　　　あなたは時間がないのですか？

　— **Doch**, ich habe Zeit.　　　　いいえ、私は時間があります。

　— **Nein**, ich habe **keine** Zeit.　　　　はい、私は時間がありません。

ペアで練習 さあ、2人はドイツの首都ベルリンへやって来ました…

次の会話文を和訳し、ペアで発音練習しましょう。さらに指示にしたがって赤字部分を入れ替えてペアで練習しましょう。

③ ベルリン観光といえば、まずはここから…

32

Leo: Das ist das Brandenburger Tor[1]!

Megumi: Fantastisch! Machen wir Fotos!

Hast du kein Smartphone?

Leo: Doch, hier habe ich ein Smartphone.

Wohin gehen wir jetzt?

Die East Side Gallery[2]? Ich kenne Berlin ziemlich gut.

Hast du eigentlich Hunger?

Megumi: Nein, ich habe keinen Hunger.

1) das Smartphone⇒die Kamera　　　der Hunger⇒der Durst
2) das Smartphone⇒der Stadtplan　　der Hunger⇒das Mineralwasser

（1）das Brandenburger Tor「ブランデンブルク門」
（2）die East Side Gallery「イースト・サイド・ギャラリー」約1,3km にわたって壁が残されている。

④ 2人の今晩の予定は…

33

Megumi: Besuchst du heute deinen Bruder?

Leo: Nein, ich treffe ihn noch nicht heute, sondern erst übermorgen.

Er hat heute keine Zeit. Was machen wir heute Abend noch?

Kennst du die Friedrichstraße[1]?

Megumi: Nein, ich kenne sie noch nicht.

1) heute⇒jetzt　　　die Friedrichstraße⇒der Potsdamer Platz[2]
2) heute⇒morgen　　die Friedrichstraße⇒das Pergamonmuseum[3]

（1）die Friedrichstraße「フリードリヒ通り」ベルリンの中心部にある目抜き通り。
（2）der Potsdamer Platz「ポツダム広場」ベルリンの中心部にある広場。ソニーセンターがある。
（3）das Pergamonmuseum「ペルガモン博物館」博物館島にある5つのミュージアムのひとつ。

チェックポイント

1. 否定文にしましょう。

1) Megumi hat ein Fahrrad.　めぐみは一台の自転車を持っています。

　　　　　　　　　　　　　　　　　　　　　　　　　　　　　　　

2) Anna isst Fleisch.　アンナは肉を食べます。

　　　　　　　　　　　　　　　　　　　　　　　　　　　　　　　

2. ドイツ語で肯定と否定の答えの文をつくり、訳しましょう。

1) Ist das nicht dein Pullover?　これはきみのセーターではないのですか？

肯定 ➡　　　　　　　　　　　　　　　　　　　　　　　　　　　　

否定 ➡

Lesen テキストを訳しましょう。

In Berlin besucht Leo seinen Bruder Fernando. Sie bummeln in Berlin-Mitte[1].
Es wird bald Sommer. Draußen ist es angenehm. Sie essen zusammen zu Abend.
Fernando ist 23 Jahre alt. Er studiert seit drei Jahren Biologie in Berlin. Er spricht
schon sehr gut Deutsch. Das Studium in Deutschland macht ihm viel Spaß. Die
5 Eltern von Leo und Fernando wohnen in Madrid. Fernando fährt jedes Jahr
zweimal nach Hause. Megumi hat einen Bruder und eine Schwester. Ihr Bruder
Daisuke ist 15 Jahre alt. Er ist noch Schüler. Er spielt jedes Wochenende Baseball.
Ihre Schwester Saori ist 26 Jahre alt. Sie ist Angestellte[2]. Sie liest gern. Megumi
schreibt ihr jeden Tag eine E-Mail. Diesen Sommer kommt sie nach Europa. Sie
10 reist dann mit Megumi nach Wien.

1) Berlin-Mitte「ベルリン・ミッテ地区」東西分裂時代には東ベルリンにあった地区。現在では若者やアーティストが多く
集まり、個性的なショップやカフェがある。
2)「会社員」Angestellter（男）— Angestellte（女）。ちなみに「公務員」は Beamter（男）— Beamtin（女）と
なります。

Sバーンのハッケシャー・マルクト駅

旧東ドイツの信号機キャラクター、
アンペルマン・ショップ

ハッケシャー・ホーフ

Vokabular (5)　家族

Großeltern(pl.) 祖父母	Großvater(m.) 祖父	Großmutter(f.) 祖母
Eltern(pl.) 両親	Vater(m.) 父	Mutter(f.) 母
Geschwister(pl.) 兄弟姉妹	Bruder(m.) 兄弟	Schwester(f.) 姉妹
Onkel(m.) 伯父・叔父	Tante(f.) 伯母・叔母	Cousin (Vetter)(m.) 従兄弟
Cousine (Kusine)(f.) 従姉妹	Sohn(m.) 息子	Tochter(f.) 娘

Hören 36

音声を聞いて、アンナの家族の続柄、年齢、職業・身分をドイツ語で書きましょう。

	a) Paul	b) Sven	c) Marion	d) Inge
続柄	Vater			
年齢	53			
職業	Beamter			

Wissen　ベルリンと壁 ◇◇

　1945年5月8日にドイツが無条件降伏すると、ヨーロッパでの第二次世界大戦は終わりました。その後ほぼ4年間、ドイツはアメリカ・イギリス・フランス・ソ連の戦勝4カ国によって分割占領されます。東西冷戦下、アメリカ・イギリス・フランスの西側3国によって占領されていた地区には、1949年5月に西ドイツが建国され、そしてソ連に占領されていた地区には、1949年10月に東ドイツが成立しました。ベルリンも分割され、東ベルリンは東ドイツの首都に、西ベルリンは西ドイツの1州となりました。しかし社会主義体制下の東ドイツ国民が西側へ大量流出する状況に歯止めがかからず、1961年8月13日、東ドイツ政府はついに壁の建設を開始したのです。冷戦の頂点を象徴する一事件でした。それから25年ほどが経ち、1980年代後半、エーリッヒ・ホーネッカー指導下の東ドイツは体制の行き詰まりを見せていました。東側陣営では、ソ連にミハイル・ゴルバチョフが登場して民主化の機運が高まっていきます。こうした中、89年になると、体制に失望した東ドイツ市民の西側への大量脱出、あるいは国内にとどまった市民たちの体制抗議デモがピークに達します。歴史は加速し、10月18日にホーネッカーが辞任。そして11月9日には、ベルリンの壁が開放されました。その後1年も経たない1990年10月3日、東西ドイツは再統一されたのです。ベルリンへ行って、イースト・サイド・ギャラリー、かつての国境検問所チェックポイント・チャーリー、壁博物館、東ドイツ博物館などへ足を伸ばせば、こうしたドイツ現代史の息詰まる経過に肌で触れることができます。

イースト・サイド・
ギャラリー

チェックポイント・
チャーリー跡

東ドイツ博物館

イースト・サイド・
ギャラリー

Lektion 5 — めぐみのある1日 (Ein Tag von Megumi)

●前置詞の格支配

1 前置詞の格支配

前置詞ごとに名詞や代名詞の格支配が決まっています。

1）2格支配の前置詞

| statt | ～の代わりに | trotz | ～にもかかわらず | während | ～の間に | wegen | ～のために（理由） | など |

trotz des Regens（m.）　雨にもかかわらず　　während des Sommers（m.）　夏の間に

2）3格支配の前置詞

aus　～（の中）から　　bei　～のところに、～の際に　　mit　～と一緒に、～で（手段）

nach　～へ（地名）、～の後に　　seit　～以来　　von　～から、～の、～について　　zu　～へ　など

aus dem Zimmer（n.）　部屋の中から　　mit dem Auto（n.）　車で

◆ nach も zu も「～へ」という方向を表しますが、nachは固有名詞の地名の前に、zu は建物・人物・催しの前に置きます。

Ich fahre nach Berlin.　　　　　　　　私はベルリンへ行きます。
Ich gehe zu dem Arzt.　　　　　　　　私はその医者のところへ行きます。
Ich fahre zu dem Bahnhof.　　　　　　私はその駅へ行きます。
Ich gehe zu dem Vortrag.　　　　　　私はその講演へ行きます。

3）4格支配の前置詞

durch　～を通って　　für　～のために　　ohne　～なしで　　um　～のまわりに、～時に（時刻）　など

durch den Park（m.）　公園を通って　　für mich　私のために

4）3・4格支配の前置詞

an	～のきわ（に・へ）	auf	～の上（に・へ）	hinter	～の後ろ（に・へ）
in	～の中（に・へ）	neben	～の横（に・へ）	über	～の上方（に・へ）
unter	～の下（に・へ）	vor	～の前（に・へ）	zwischen	～の間（に・へ）

上の9つの前置詞は、動作の**場所**を示すときは**3格**、動作の**方向**を示すときは**4格**を支配します。

Ich bin in **der** Mensa.　　　　　　私は学生食堂にいます。　＜場所→3格＞
Ich gehe in **die** Mensa.　　　　　　私は学生食堂へ行きます。＜方向→4格＞

2 前置詞と定冠詞の融合形

定冠詞の指示的意味が弱いときに、前置詞と定冠詞が融合することがあります。

an dem → am　　in das → ins　　von dem → vom　　zu der → zur　など

次の会話文を和訳し、ペアで発音練習しましょう。さらに指示にしたがって赤字部分を入れ替えてペアで
練習しましょう。

🎧❶　朝、めぐみは寮の前でトーマスと挨拶します…
37

Megumi:　Wie fährst du eigentlich immer zur Uni⁽¹⁾?

Thomas:　Mit dem Fahrrad. Heute gehe ich aber zu Fuß.

　　　　　Nach dem Seminar fahre ich mit dem Bus in die Stadt.

Megumi:　Was machst du in der Stadt?

Thomas:　Ich kaufe ein paar Bücher für meine Seminararbeit.

1) das Fahrrad➡das Auto　　　　　der Bus➡die U-Bahn

　 die Seminararbeit➡das Referat

2) das Fahrrad➡die Straßenbahn　　der Bus➡die S-Bahn

　 die Seminararbeit➡die Hausaufgaben (*pl.*)

　（1）die Uni は die Universität「総合大学」の短縮形。

🎧❷　語学コースの授業後、めぐみは教室の模様替えをするボーデ先生を手伝います…
38

Frau Bode:　Unser Klassenzimmer ist kahl.

　　　　　　Hier habe ich ein Poster.

Megumi:　　Wohin hängen Sie das Poster?

Frau Bode:　An die Wand.

　　　　　　Und ich stelle die Vase auf den Tisch.

Megumi:　　Wohin kommt dieses Gerät hier?

Frau Bode:　Stellen Sie es bitte neben den Computer!

　　　　　　Danke, Frau Uchida! Das ist sehr nett von Ihnen.

1) das Poster➡der Kalender　　die Wand➡die Tür　　der Computer➡die Uhr

2) das Poster➡das Bild　　　　die Wand➡die Tafel　　der Computer➡das Regal

📋 チェックポイント

1. 前置詞を用いてドイツ語で表現しましょう。

1) 病気（die Krankheit）のために　　..

2) 彼の父（sein Vater）の代わりに　　..

3) 私たちと一緒に　　..

4) 私の叔母（meine Tante）のところに　　..

5) きみ抜きで　　..

6) その庭（der Garten）のまわりに　　..

2. 下線部に適切な定冠詞を補い、訳しましょう。

1) Wohin legen Sie die Zeitung? — Ich lege sie neben .... Fernseher.

2) Wo liegt die Zeitung jetzt?　 — Sie liegt neben .... Fernseher.

3 動詞・形容詞の前置詞支配

動詞や形容詞の中には、特定の前置詞を支配するものがあります。

Er **wartet** hier **auf** seinen Freund.　　　　　彼はここで彼の友人を待っています。
（auf＋4格 warten = *wait for ...*）

Sie **ist mit** ihrem Beruf **zufrieden**.　　　　　彼女は彼女の職業に満足しています。
（mit＋3格 zufrieden sein = *be satisfied with ...*）

4 was für ein ... *(= what kind of ...)* 「どんな種類の〜」

この表現では、für（4格支配）は前置詞としての格支配をしません。für の後の名詞が文中で何格になるかによって、ein の格が決まります。

Was für ein Ball ist das?　　　　　それはどんな種類のボールですか。（ein Ball は1格）
— Das ist ein Fußball.　　　　　それはサッカーボールです。

◆ ただし、物質名詞や複数名詞の前では ein はつけません。

Was für Wein trinken Sie gern?　　　　　あなたはどんな種類のワインを飲むのが好きですか。
— Ich trinke gern Rotwein.　　　　　私は赤ワインを飲むのが好きです。

Was für Blumen kaufen Sie?　　　　　あなたはどんな種類の花々を買いますか。
— Ich kaufe Tulpen.　　　　　私はチューリップを買います。

5 前置詞と人称代名詞・疑問代名詞の融合形

1）前置詞と人称代名詞の融合形
　a）前置詞とともに用いられた人称代名詞が「物」を指す場合：**da＋前置詞**
　　（前置詞が母音で始まるときは、dar＋前置詞の融合形になります。）

　Lernen Sie fleißig für die Prüfung? — Ja, ich lerne fleißig **dafür**.
　　あなたは試験のために一生懸命に勉強しているのですか。はい、私はそのために一生懸命に勉強しています。

　b）前置詞とともに用いられた人称代名詞が「人」を指す場合：融合しません。

　Arbeiten Sie fleißig für Ihre Kinder? — Ja, ich arbeite fleißig **für sie**.
　　あなたはお子さんたちのために勤勉に働いているのですか。はい、私は彼らのために勤勉に働いています。

2）前置詞と疑問代名詞の融合形
　a）前置詞とともに疑問代名詞「was」が用いられる場合：**wo＋前置詞**
　　（前置詞が母音で始まるときは、wor＋前置詞の融合形になります。）

　Wofür lernen Sie fleißig? — Ich lerne fleißig für die Prüfung.
　　あなたは何のために一生懸命に勉強しているのですか。私は試験のために一生懸命に勉強しています。

　b）前置詞とともに疑問代名詞「wer」が用いられる場合：融合しません。

　Für wen arbeiten Sie fleißig? — Ich arbeite fleißig für meine Kinder.
　　あなたは誰のために勤勉に働いているのですか。私は私の子供たちのために勤勉に働いています。

　➡ 疑問代名詞については10ページを参照。

左端縦タブ: Lektion 1 / Lektion 2 / Lektion 3 / Lektion 4 / Lektion 5 / Lektion 6 / Lektion 7 / Lektion 8 / Lektion 9 / Lektion 10 / Lektion 11 / Lektion 12

次の会話文を和訳し、ペアで発音練習しましょう。さらに指示にしたがって赤字部分を入れ替えてペアで練習しましょう。

3 めぐみはポーランド人学生のヤンとお昼を食べに学生食堂へ…
39

Jan:　　Wohin fährst du im Sommer? In die Berge?

Megumi:　In Japan fahre ich immer mit meiner Familie ans Meer.
　　　　　 Diesen Sommer fahre ich aber nach Wien.

Jan:　　Mit wem?

Megumi:　Mit meiner Schwester. Sie kommt im August nach Köln.

1) das Meer➡der See　　die Schwester➡der Bruder
2) das Meer➡die Küste　　die Schwester➡die Freunde (*pl.*)

4 夕方、大学の図書館から出てくると、再びボーデ先生とばったり…
40

Frau Bode:　Das ist aber ein Zufall! Fahren Sie nach Hause?

Megumi:　　Ja. Und Sie?

Frau Bode:　Ich warte hier auf meinen Mann.
　　　　　　 Ich gehe mit ihm ins Kino.

Megumi:　　Was für einen Film sehen Sie?

Frau Bode:　Einen Krimi.

Megumi:　　Viel Spaß! Auf Wiedersehen!

ケルン大学構内

1) der Mann➡die Freundin　　ins Kino➡ins Theater　　der Film➡das Stück　der Krimi➡die Komödie
2) der Mann➡die Kinder (*pl.*)　　ins Kino➡ins Museum　　der Film➡die Gemälde (*pl.*)
　 der Krimi➡die Gemälde (*pl.*) von Picasso

5 寮に帰ると、めぐみはキッチンで夕食の準備を始めます…
41

Megumi:　Ich suche einen Topf.

Anna:　　Wofür brauchst du einen Topf?

Megumi:　Damit koche ich dir eine Suppe.

Anna:　　Danke! Das ist ja nett. Der Topf ist in dem Schrank da.

ケルン大学構内

1) der Topf➡das Messer　　eine Suppe kochen➡den Käse schneiden　　der Schrank➡die Schublade
2) der Topf➡die Tomaten (*pl.*)　　eine Suppe kochen➡einen Salat machen　　der Schrank➡der Kühlschrank

チェックポイント

1. 動詞や所有冠詞を適切な形に変化させ、正しい語順で文を完成させましょう。
1) 彼女は彼女の息子が自慢です。（sein, auf, Sohn, ihr, sie, stolz）

....

2. 下線部を人称代名詞にして答えの文を完成させ、訳しましょう。
1) Warten Sie auf <u>den Bus</u>?　— Ja, ich warte ....
2) Warten Sie auf <u>den Lehrer</u>? — Ja, ich warte ....

Sprechen　あなた自身のことをペアで話しましょう。

1）Was machst du heute?

Heute _____.

2）Was machst du morgen Abend?

Morgen Abend _____.

3）Was machst du am Montag?

Am Montag _____.

4）Was machst du am Wochenende?

Am Wochenende _____.

5）Was machst du im Sommer?

Im Sommer _____.

➡ 曜日、月名、四季などの時に関する表現を77ページで練習しましょう。

Vokabular (6)　動詞

spielen: プレイする	Tennis テニス　Fußball サッカー　Baseball 野球　Basketball バスケットボール　Klavier ピアノ　Gitarre ギター　Geige ヴァイオリン
machen: する	Sport スポーツ　einen Ausflug ハイキング　eine Autofahrt ドライブ　den Führerschein 運転免許　Hausaufgaben (pl.) 宿題
gehen: 行く	einkaufen 買い物をする　essen 食べる　spazieren 散歩する　nach Haus(e) 家へ　ins Konzert コンサートへ　ins Theater 劇場へ　ins Kino 映画館へ　ins Museum 美術館へ　in die Oper オペラハウスへ
fahren: 乗り物で行く	Auto 車　Rad 自転車　Ski スキー　Snowboard スノーボード　ans Meer 海へ　in die Berge 山へ　zu meinen Eltern 両親のところへ
lesen: 読む	ein Buch, ¨er 本　ein E-Book, -s 電子書籍　einen Comic, -s コミックス　einen Krimi, -s 推理小説　einen Roman, -e 長編小説　eine Zeitung, -en 新聞　eine Zeitschrift, -en 雑誌
hören: 聞く	Musik 音楽　Popmusik ポップス　Jazz ジャズ　Rock ロック　Radio ラジオ
schreiben: 書く	einen Brief, -e 手紙　eine E-Mail, -s Eメール　ein Referat, -e レポート　eine Seminararbeit, -en ゼミ論文
sehen: 見る	ein Baseballspiel, -e 野球の試合　ein Fußballspiel, -e サッカーの試合　ein Volleyballspiel, -e バレーボールの試合

essen 食べる　trinken 飲む　schlafen 眠る　lernen 学ぶ　singen 歌う

tanzen 踊る　schwimmen 泳ぐ　joggen ジョギングする　kochen 料理する

waschen 洗う　jobben アルバイトする　reisen 旅行する　telefonieren 電話する

fotografieren 写真を撮る　im Internet surfen ネットサーフィンする

🎧 **Hören**
43

音声を聞いて、トーマス、アンナ、レオ、めぐみが何曜日に何をするのか、キーワードをドイツ語で書きましょう。

	a) Thomas	b) Anna	c) Leo	d) Megumi
曜　日	＿＿＿＿＿＿	*Freitag*	＿＿＿＿＿＿	＿＿＿＿＿＿
すること	＿＿＿＿＿＿	＿＿＿＿＿＿	＿＿＿＿＿＿	*Hausaufgaben*

Wissen　ドイツの大学と大学生 ◇◇◇◇◇◇◇◇◇◇◇◇◇◇◇◇◇◇◇◇◇◇◇◇◇◇◇◇◇◇◇◇◇◇◇◇

　ドイツの大学は長い歴史を持っています。ドイツ最古の大学であるハイデルベルク大学は1386年に創立されました。現在では、私立大学も存在しますが、学生のほとんどは州立（国立）大学へ通っています。2021年/2022年冬学期には、422の国立または国によって認可された大学に約295万人の学生が登録しました。同年齢人口に占める大学進学率は約55％に達しています。大学の種類としては、1）総合大学（Universität）、2）実学志向者のための専門大学、3）音楽大学、美術大学、映画大学があります。ドイツの教育制度には日本の文部科学省にあたる中央省庁はなく、16の連邦州が独自の大学法とガイドラインを持っています。国立大学では、原則として授業料は無料です。また、日本の大学のように全国一斉の統一センター試験は実施されず、各大学個別の入学試験もありません。大学進学者のための中高一貫校であるギムナジウム（Gymnasium）の最終卒業試験アビトゥア（Abitur）に合格すると、大学入学資格を得ることができます。アビトゥアは、各州が日本のセンター試験のような統一試験を行っている場合がほとんどです。大学の終了資格には、1）通常6〜8学期を終えたあとの学士号にあたるバチェラー（Bachelor）、2）バチェラー取得後2〜4学期を終えたあとの修士号にあたるマスター（Master）、そして3）博士号（Doktor）があります。さらに、医師、薬剤師、弁護士、教師になるためには国家試験（Staatsexamen）に合格しなくてはなりません。2020年統計では、大学生の卒業平均年齢は23.6歳でした。

ドイツの学校制度

大学 (Universität, Hochschule)		専門学校 (Fachhochschule)	
職業教育諸学校		職業学校と企業での職業教育	

学年					年齢
13					18
12					17
11					16
10	総合学校 (Gesamt-schule)	ギムナジウム (Gymnasium)			15
9					14
8			実科学校 (Realschule)	基幹学校 (Hauptschule)	13
7					12
6					11
5					10
4	基礎学校 (Grundschule)				9
3					8
2					7
1					6
	幼稚園 (Kindergarten)				5
					4
					3

Lektion 1
Lektion 2
Lektion 3
Lektion 4
Lektion 5
Lektion 6
Lektion 7
Lektion 8
Lektion 9
Lektion 10
Lektion 11
Lektion 12

Lektion 6 語学コースでの口頭発表 (Ein Referat im Sprachkurs)
● 話法の助動詞・未来形・分離動詞・非分離動詞・接続詞

1 話法の助動詞の現在人称変化

話法の助動詞は動詞の不定詞とともに用いられ、許可・可能・推量・義務・願望などを表します。

	dürfen	können	mögen	müssen	sollen	wollen	(möchten)
	～してもよい	～できる	～かもしれない	～ねばならない	～すべきだ	～するつもりだ	～したい
	～かもしれない	～を好む(単独)	～にちがいない				～をほしい(単独)
ich	darf	kann	mag	muss	soll	will	möchte
du	darfst	kannst	magst	musst	sollst	willst	möchtest
er/sie/es	darf	kann	mag	muss	soll	will	möchte
wir	dürfen	können	mögen	müssen	sollen	wollen	möchten
ihr	dürft	könnt	mögt	müsst	sollt	wollt	möchtet
sie/Sie	dürfen	können	mögen	müssen	sollen	wollen	möchten

◆ dürfen の否定形は「～してはいけない」、müssen の否定形は「～する必要がない」の意味になることがあります。

2 話法の助動詞の構文

話法の助動詞を定動詞として用いるとき、本動詞の不定詞を文末に置きます。このような構造を**枠構造**といいます。

| Er **kann** gut Deutsch **sprechen**. | 彼はドイツ語を上手く話すことができます。 |
| **Kann** er gut Deutsch **sprechen**? | 彼はドイツ語を上手く話すことができますか。 |

3 話法の助動詞の単独用法

話法の助動詞は単独で用いられることがあります。

Er **kann** gut Deutsch.	彼は良くドイツ語ができます。
Ich **mag** Fleisch.	私は肉が好きです。
Ich **möchte** einen Kaffee.	私はコーヒーを一杯ほしいです。

4 未来形

werden を助動詞とし、本動詞の不定詞を文末に置きます（**枠構造**）。

➡ werden の現在人称変化については14ページを参照。

Wir **werden** im Sommer nach Deutschland **fahren**. 私たちは夏にドイツへ行くでしょう。

◆ ドイツ語では近い未来のことは現在形で表すことができます。

未来形は、未来の出来事のほかに、主語の意志、相手に対する要請、推量を表すこともあります。

Ich **werde** in Deutschland **studieren**.	私はドイツに留学するつもりです。（意志）
Du **wirst** jetzt ins Bett **gehen**.	きみはもう寝なさい。（要請）
Er **wird** wohl krank **sein**.	彼はたぶん病気でしょう。（推量）

次の会話文を和訳し、ペアで発音練習しましょう。さらに指示にしたがって赤字部分を入れ替えてペアで
練習しましょう。

❶ ヤンがめぐみに電話してきます… ─────────

Jan: Hallo, Megumi. Hier ist Jan.

Ich habe für Samstag drei Karten

für ein Konzert. Meine Frau kommt auch.

Möchtest du mitkommen?

Megumi: Nein, das geht leider nicht.

Ich muss am Wochenende ein Referat schreiben.

ケルン大学学生食堂

Jan: Schade! Wollen wir dann später einmal zusammen etwas trinken gehen[(1)]?

Megumi: Ja, gerne.

1) möchten⮕wollen　　ein Referat schreiben⮕zu Hause bleiben　　　etwas trinken⮕schwimmen
2) möchten⮕können　　ein Referat schreiben⮕für die Prüfung lernen　　etwas trinken⮕tanzen
　（1) Wollen wir...?「〜しませんか。」（誘い）

❷ めぐみはアンナに頼みごとが… ─────────

Megumi: Am Montag muss ich im Sprachkurs ein Referat halten.

Anna: Worüber willst du sprechen?

Megumi: Über den Atomunfall in Fukushima.

Das Referat ist schon fertig.

Kannst du mein Deutsch korrigieren?

Anna: Sehr gern. Wann soll ich zu dir kommen?

Megumi: Morgen Abend vielleicht?

Anna: Okay. Da habe ich Zeit.

1) ich⮕wir　　2) ich⮕Takuya

ケルン大学哲学部カフェ

🔊 チェックポイント

1. 話法の助動詞を適切な形に人称変化させ、正しい語順で文を完成させましょう。

　1) トーマスは少し日本語を話すことができます。

(Thomas, können, sprechen, Japanisch, ein bisschen)

　2) きみはここでタバコを吸ってはいけません。（du, rauchen, dürfen, nicht）

Hier _____

　3) あなたは明日オフィスで仕事をしなければならないのですか。

(Sie, morgen, müssen, arbeiten, im Büro)

_____

Lektion 1
Lektion 2
Lektion 3
Lektion 4
Lektion 5
Lektion 6
Lektion 7
Lektion 8
Lektion 9
Lektion 10
Lektion 11
Lektion 12

5 分離動詞とその構文

1）「分離する前綴り＋基礎動詞」の形をした動詞を**分離動詞**といいます。

　　辞書の見出し語には、auf｜stehen「起きる」のように、前綴りと基礎動詞の間に分離線が入っています。分離する前綴りには常にアクセントがあります。

2）分離動詞は、主文で定動詞になる場合に分離し、前綴りは文末に置かれます（**枠構造**）。

平叙文　Sie **stehen** morgen um sieben **auf**.	あなたは明日7時に起きます。
否定文　Sie **stehen** morgen um sieben nicht **auf**.	あなたは明日7時に起きません。
疑問文　**Stehen** Sie morgen um sieben **auf**?	あなたは明日7時に起きますか。
命令文　**Stehen** Sie morgen um sieben **auf**!	明日7時に起きてください。

◆ 分離動詞が助動詞とともに用いられる場合は分離せず、不定詞として文末に置かれます。

Sie *müssen* morgen um sieben **aufstehen**.　　　　あなたは明日7時に起きなくてはなりません。

6 非分離動詞

「分離しない前綴り be-, emp-, ent-, er-, ge-, ver-, zer-, miss-＋基礎動詞」の形をした動詞を**非分離動詞**といいます。非分離の前綴りにアクセントはありません。

Ich **bekomme** heute Besuch.　　　　　　　　　私は今日来客があります。

7 接続詞

1）**並列の接続詞**：後続する文の語順に影響を与えません。

aber	しかし	denn	なぜなら	oder	あるいは	und	そして	など

Thomas kommt heute nicht, **denn** er ist krank.　　トーマスは病気なので、今日は来ません。
　　　　　　　　　　　　（..., **denn** ist er krank.　×）

2）**従属の接続詞**：従属の接続詞に導かれる文を副文と呼び、定動詞は文末に置かれます（定動詞後置）。主文と副文は必ずコンマで区切ります。

als	～したとき	dass	～ということ	ob	～かどうか	weil	～なので
wenn	～するとき、～ならば	obwohl	～にもかかわらず			など

Thomas kommt heute nicht, <u>weil er krank ist</u>.　　トーマスは病気なので、今日は来ません。
　　　　　　主文　　　　　　　　　　副文

ただし、副文が先行すると、主文の語順は定動詞＋主語となります。

<u>Weil er krank **ist**</u>, **kommt Thomas** heute nicht.
　　　副文　　　　　　　　　主文

◆ 副文中では分離動詞は分離せず、前綴りと結合して1語になります。

Ich rufe dich an, **wenn** ich morgen **aufstehe**.　　　明日起きたら、きみに電話します。

◆ 副文中では助動詞は文末に置かれます。

Ich gehe schon ins Bett, **weil** ich morgen früh aufstehen **muss**.

　　　　　　　　　　　　　明日早く起きなければならないので、私はもう寝ます。

次の会話文を和訳し、ペアで発音練習しましょう。さらに指示にしたがって赤字部分を入れ替えてペアで練習しましょう。

 ③ 明日はいよいよ口頭発表の日…

46

Anna: Um wie viel Uhr stehst du morgen auf?

Megumi: Um sechs. Ich möchte mein Referat noch einmal durchlesen.

Anna: Wann fängt der Unterricht an?

Megumi: Um halb neun. Nach dem Unterricht rufe ich dich an.

Anna: Ja, bitte. Ich lade dich zum Kaffeetrinken ein!

1) du→ihr　　2) du→Takuya

 ④ 翌日、口頭発表の後でめぐみはアンナとカフェテリアでほっと一息…

47

Anna: Was hast du heute Nachmittag vor?

Megumi: Ich bringe die Bücher in die Bibliothek zurück.

Dann sehe ich vielleicht ein bisschen fern.

Anna: Wollen wir jetzt Eis essen gehen, wenn du Lust hast?

Du brauchst mal eine Abwechselung!

Megumi: Da hast du Recht.

1) du→ihr　　2) du→Takuya

⑤ めぐみが寮に戻ると、レオがちょうど出かけるところで…

48

Leo: Ich muss jetzt meinen Professor vom Bahnhof abholen.

Megumi: Weißt du, wann er in Köln ankommt?

Leo: Ja, um zwölf Uhr fünfundvierzig.

Du, Megumi, ich möchte wissen, ob es heute Nachmittag regnet.

Wenn das Wetter schön ist, zeige ich ihm die Stadt.

1) Es regnet.→Es ist sonnig.　　Das Wetter ist schön.→Es regnet nicht.
2) Es regnet.→Es ist heiß.　　Das Wetter ist schön.→Es ist nicht so heiß.

📲 **チェックポイント**

1. 動詞を適切な形に人称変化させ、正しい語順で文を完成させましょう。

1) そのコンサートは金曜日に開催されます。(das Konzert, statt|finden, am Freitag)

....

2) 私はとても疲れているので、今日は外出しません。

(sehr, weil, müde, ich, heute, aus|gehen, nicht, sein)

Ich ....

3) 彼がいまどこで働いているか私は知りません※。(arbeiten, er, wo, wissen, nicht, jetzt)

Ich ....

※間接疑問文も副文なので、定動詞は後置されます。

🎧 49 **Lesen** テキストを訳しましょう。

Am Montag berichtet Megumi im Sprachkurs über den Atomunfall in Fukushima. Alle Studenten in der Klasse hören ihr aufmerksam zu. Das Thema interessiert sie. Nach dem Bericht bekommt Megumi viele[1] Fragen. Megumi und der Italiener Antonio zum Beispiel sind gegen Atomkraft. Atomkraftwerke sind zu gefährlich für

5 die Umwelt. Aber der Franzose Jacques und die Chinesin Yin sind dafür. Unser Energiebedarf ist heute sehr groß. Wie bekommt man Energie ohne Atomkraftwerke? Atomkraft ist sogar CO_2-neutral[2]. Die Diskussion dauert deshalb sehr lange. In der Klasse von Frau Bode kann man offen seine[3] Meinung äußern. Megumi mag die Atmosphäre sehr, weil sie später Journalistin werden will.

1) 形容詞 viel「たくさんの」に格変化の語尾 e がついています。➡ 形容詞の格変化については50ページを参照。
2) CO2-neutral「カーボンニュートラルな」
3) 不定代名詞 man の所有冠詞は sein です。

🎧 50 **Vokabular (7)** 建物・施設

Apotheke (f.)	薬局	Bahnhof (m.)	駅	Bank (f.)	銀行
Bibliothek (f.)	図書館	Bushaltestelle (f.)	バス停留所	Café (n.)	カフェ
Hotel (n.)	ホテル	Kaufhaus (n.)	デパート	Kino (n.)	映画館
Kirche (f.)	教会	Konzerthaus (n.)	コンサートホール	Krankenhaus (n.)	病院
Museum (n.)	博物館, 美術館	Oper (f.)	オペラハウス	Park (m.)	公園
Parkplatz (m.)	駐車場	Polizei (f.)	警察	Post (f.)	郵便局
Rathaus (n.)	市役所	Restaurant (n.)	レストラン	Schule (f.)	学校
Supermarkt (m.)	スーパーマーケット			Stadion (n.)	スタジアム
Theater (n.)	劇場	Universität (Uni) (f.)	大学		

🎧 51 **Hören** 音声を聞いて、トーマス、アンナ、レオ、めぐみがいつ、どこへ行きたいのか、キーワードをドイツ語で書きましょう。

	a) Thomas	b) Anna	c) Leo	d) Megumi
時	heute Abend	_____	_____	_____
行きたい場所	_____	Bank	_____	_____

ドイツの再生可能エネルギー

ドイツと原発 ◇◇◇

　ドイツの脱原発政策は最終局面を迎えました。2011年3月11日の福島原発事故を受けて、ドイツ政府は同年5月30日、震災発生時に稼働していた国内にある17基の原子力発電所を2022年までにすべて停止することを閣議決定しました。その後、各原発は予定通りに停止され、2022年には脱原発が達成されます。2021年の統計によれば、世界では、434基の原子力発電所原子炉が運転中です。1位はアメリカ（97基）、以下、2位中国（93基）、3位フランス（57基）、4位ロシア（51基）、5位日本（44基）という順です。2016年と比較すると50基以上が増加している中国の発展がとりわけ目を引きます。ヨーロッパの中でも各国の政策は異なっています。イタリア、スイス、スペインなどは脱原発を決めましたが、フランスは国内総発電量の7割を原発に依存していますし、イギリスも脱炭素に向けて原発を推進していく姿勢を明らかにしています。EUは、気候変動対策がますます急がれる2022年2月2日、発電時に二酸化炭素（CO_2）を排出しない原子力による電力を「グリーン電力」と位置付け、原発を活用していく方向性を示しました。そうしたEUの姿勢にドイツやオーストリアは反対の声を上げました。しかしその直後の2022年2月24日にロシアがウクライナに侵攻し、西側諸国はエネルギーの脱ロシア依存を進めました。エネルギー自給率が35%余りと高くなく、ロシアからの天然ガスに大きく依存していたドイツでは、エネルギー価格が高騰しています。2030年までに再生可能エネルギーによる電力の割合を80%にするという高い目標をかかげ、脱原発に加えて脱炭素を進めるドイツは、今後、省エネと脱炭素の新しい政策を迫られることになります。ウクライナ戦争によって原発が軍事目標になることが判明したのち、世界においてエネルギーの安定供給を確保していくためには、再生可能エネルギーをこれまで以上に拡大していくことが緊急の課題となったと言えるでしょう。

ドイツと日本の原発地図

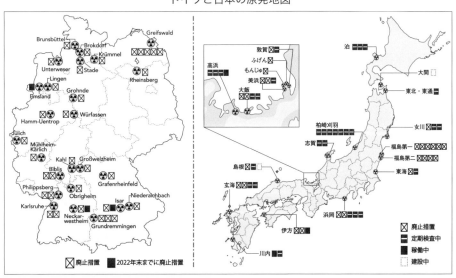

2022年5月31日現在

Lektion 1	
Lektion 2	
Lektion 3	
Lektion 4	
Lektion 5	
Lektion 6	
Lektion 7	
Lektion 8	
Lektion 9	
Lektion 10	
Lektion 11	
Lektion 12	

Lektion 7 ウィーンでの夏休み (Sommerferien in Wien)
●動詞の三基本形・過去形・現在完了形

1 動詞の三基本形

不定詞・過去基本形・過去分詞を動詞の三基本形と呼びます。規則動詞と不規則動詞があります。

1）規則動詞（弱変化動詞）

不定詞	過去基本形	過去分詞
— en	— te	ge — t
lernen　学ぶ	lernte	gelernt
arbeiten　働く	arbeitete	gearbeitet

◆ 語幹が -d, -t などで終わる動詞の過去基本形、過去分詞には口調上の e を入れます。

2）不規則動詞

強変化動詞			
	— en	$\overset{\times}{—}$	ge $\overset{(\times)}{—}$ en
	gehen　行く	ging	gegangen
混合変化動詞	— en	$\overset{\times}{—}$ te	ge $\overset{\times}{—}$ t
	bringen　持ってくる	brachte	gebracht

2 注意すべき動詞の三基本形

1）分離動詞　　　　　　　*auf*|**stehen***　起きる　　　**stand**...*auf*　　*auf*gestanden
2）過去分詞に ge- がつかない動詞
　　a）非分離動詞　　　*ver*stehen***　理解する　　*ver*stand　　*ver*standen
　　b）-ieren で終わる動詞　studieren　大学で学ぶ　studierte　studiert

3 過去形と過去人称変化

過去の出来事を表現する場合、ドイツ語では過去形、現在完了形の両方が用いられます。一般に、**書き言葉**（たとえば小説・物語・記事など）では、よく過去時称が使われます。

◆ ① sein・haben ② 話法の助動詞は、日常会話での話し言葉でも過去形がよく用いられます。
　過去人称変化は、過去基本形に過去人称変化語尾をつけてつくります。

不定詞		lernen	gehen	sein	haben	werden	können
過去基本形		lernte	ging	war	hatte	wurde	konnte
ich	—	lernte	ging	war	hatte	wurde	konnte
du	—st	lerntest	gingst	warst	hattest	wurdest	konntest
er/sie/es	—	lernte	ging	war	hatte	wurde	konnte
wir	—[e]n[1]	lernten	gingen	waren	hatten	wurden	konnten
ihr	—t	lerntet	gingt	wart	hattet	wurdet	konntet
sie/Sie	—[e]n[1]	lernten	gingen	waren	hatten	wurden	konnten

1）過去基本形が -e で終わる場合、-n だけをつけます。

次の会話文を和訳し、ペアで発音練習しましょう。さらに指示にしたがって赤字部分を入れ替えてペアで練習しましょう。

🎧 **❶** めぐみはヤンと語学コースで再会します…
52

Jan: 　　Wie war es in Wien?

Megumi: 　Super! Der Flug war gut, das Wetter war schön und

　　　　　　das Hotel war sehr gemütlich.

Jan: 　　Da hattest du Glück!

　　　　　Wie lange wart ihr denn in Wien?

Megumi: 　Eine Woche.

Jan: 　　Gab es in Wien viele(1) Touristen?

Megumi: 　Natürlich. Wir konnten aber wirklich viel erleben.

1) ihr➡du　　　2) du➡Sie あなた　 ihr➡Sie あなた

　（1）形容詞 viel「たくさんの」に格変化の語尾 e がついています。 ➡ 形容詞の格変化については50ページを参照。

🎧 **❷** 話は昨日のことにも…
53

Megumi: 　Wo warst du gestern Abend?

　　　　　Die Party bei Frau Bode war ganz toll.

Jan: 　　Eigentlich wollte ich auch zur Party. Aber ich musste zu Hause bleiben.

　　　　　Meine Tochter Marie hatte Fieber.

Megumi: 　Das wusste ich nicht. Wie geht es ihr heute?

Jan: 　　Sie hat immer noch Kopfschmerzen.

Megumi: 　Gute Besserung(1) von mir an Marie!

1) du➡ihr　　　　　　 Kopfschmerzen➡Magenschmerzen

2) du➡Sie あなたたち　 Kopfschmerzen➡Husten

　（1）Gute Besserung!「お大事に！」

🗐 チェックポイント

1. 動詞の過去基本形、過去分詞を書きましょう。

1) machen　する　　　　　　..　　..

2) an|rufen*　電話する　　　..　　..

3) gefallen*　気に入る　　　..　　..

4) trainieren　トレーニングする　..　　..

2. 動詞を過去人称変化させましょう。

	geben* 与える			wissen* 知っている	
ich	....	wir	....	ich	....	wir	....
du	....	ihr	....	du	....	ihr	....
er/sie/es	....	sie/Sie	....	er/sie/es	....	sie/Sie	....

4 現在完了形

一般に、日常会話の**話し言葉**では、現在完了形が用いられます。また、英語とは異なり、過去を表す副詞（たとえば、gestern「昨日」あるいは letzte Woche「先週」など）と現在完了形を一緒に使うことができます。

1）現在完了形の人称変化

現在完了形は haben か sein を助動詞として現在人称変化させ、本動詞の過去分詞を文末に置きます（**枠構造**）。

不定詞　lernen		
ich	**habe**	..... gelernt
du	**hast**	..... gelernt
er/sie/es	**hat**	..... gelernt
wir	**haben**	..... gelernt
ihr	**habt**	..... gelernt
sie/Sie	**haben**	..... gelernt

不定詞　gehen		
ich	**bin**	..... gegangen
du	**bist**	..... gegangen
er/sie/es	**ist**	..... gegangen
wir	**sind**	..... gegangen
ihr	**seid**	..... gegangen
sie/Sie	**sind**	..... gegangen

Ich **habe** gestern Deutsch **gelernt**. 　　私は昨日ドイツ語を勉強しました。

Ich **bin** letzte Woche ins Kino **gegangen**. 　私は先週、映画館へ行きました。

2）現在完了形の助動詞

　a）haben を用いる動詞：すべての他動詞と大部分の自動詞、話法の助動詞

　b）sein を用いる自動詞：

（1）場所の移動を表すもの：gehen 行く　　fahren 乗り物で行く　　kommen 来る　など

（2）状態の変化を表すもの：auf|stehen 起きる　　wachsen 成長する　　werden ～になる　など

（3）その他：　　　　　　　sein ～である　　bleiben とどまる　など

◆ 他動詞は4格の目的語をとる動詞のことで、自動詞はそれ以外の動詞です。

◆ 辞書では、完了の助動詞に haben を用いる動詞には、**lernen**他**（h）** など、sein を用いる動詞には **gehen**自**（s）** などと表示されています。

ウィーン市内

マリア・テレジア像

ペアで練習 | 寮でも話題はもっぱら夏休みのことです…

次の会話文を和訳し、ペアで発音練習しましょう。さらに指示にしたがって赤字部分を入れ替えてペアで練習しましょう。

🎧 ③ トーマスとレオは夏をどこで過ごしたのでしょう…
54

Leo: Was hast du in den Ferien gemacht?

Thomas: Ich bin mit meiner Freundin nach Italien⁽¹⁾ gefahren.

Da sind wir jeden Tag schwimmen gegangen.

Und du?

Leo: Ich bin nach New York geflogen.

Bist du schon einmal in den USA gewesen?

Thomas: Nein, noch nie.

ウィーン市内

1) Italien➡die Schweiz　schwimmen gehen➡viel wandern(s)

New York➡Peking　die USA➡China

2) Italien➡Frankreich　schwimmen gehen➡gut essen*

New York➡Tokyo　die USA➡Japan

（1）中性名詞の国名は無冠詞で用いられますが、女性名詞や複数名詞の国名には定冠詞をつけます。

in Italien 「イタリアで」　in der Schweiz(*f.*)「スイスで」　in den USA(*pl.*)「アメリカで」

nach Italien「イタリアへ」　in die Schweiz(*f.*)「スイスへ」　in die USA(*pl.*)「アメリカへ」

🎧 ④ めぐみは再びアンナとウィーンの話題に…
55

Anna: Ich danke dir für die Ansichtskarte aus Wien.

Was hat deiner Schwester besonders gut gefallen?

Megumi: Schloss Schönbrunn⁽¹⁾.

Da haben wir an einer Führung teilgenommen.

Anna: Das Schloss habe ich auch einmal besichtigt,

als ich Kind war.

1) Schloss Schönbrunn➡Stephansdom⁽²⁾　das Schloss➡der Dom

besichtigen➡an|sehen*

2) Schloss Schönbrunn➡die Hofburg⁽³⁾　das Scholss➡die Residenz

besichtigen➡besuchen

（1）Schloss Schönbrunn「シェーンブルン宮殿」ハプスブルク家の夏の離宮。

（2）Stephansdom「シュテファン大寺院」ウィーンのシンボルであるゴシック様式の教会。

（3）die Hofburg「ホーフブルク宮殿」ハプスブルク家が住まいとしていた王宮。

🏛 チェックポイント

1. 動詞を適切な形に変化させ、正しい語順で現在完了形の文を完成させましょう。

1) その列車は定刻に出発しました。（der Zug, ab|fahren*(s), pünktlich）

2) アンナは今朝、朝食を作りましたか。（heute, das Frühstück, machen, Anna, Morgen）

Sprechen あなた自身の昨日の様子を現在完了形を用いてペアで話しましょう。二重下線部には時刻を入れ、指定された動詞がある場合はそれを使い、指定のない場合は自由に文章をつくりましょう。

1) Gestern _____ ich um _____ _____. (auf|stehen*(s))

2) Danach _____ ich _____. (frühstücken)

3) Am Vormittag _____ ich _____.

4) Gegen _____ _____ ich zu Mittag _____. (essen*)

5) Dann _____ ich _____.

6) Nach dem Abendessen _____ ich _____.

7) Um _____ _____ ich endlich ins Bett _____. (gehen*(s))

Vokabular (8) 56 　天候

Sonne (*f.*)	太陽	Es ist sonnig.
Wolke (*f.*)	雲	Es ist wolkig.
Regen (*m.*)	雨	Es regnet.
Schnee (*m.*)	雪	Es schneit.
Wind (*m.*)	風	Es ist windig.
Nebel (*m.*)	霧	Es ist neblig.

Hitze (*f.*)	暑さ	Es ist heiß.
Wärme (*f.*)	暖かさ	Es ist warm.
Kälte (*f.*)	寒さ	Es ist kalt.
Kühle (*f.*)	涼しさ	Es ist kühl.

Hören 57 音声を聞いて、トーマス、アンナ、レオ、めぐみが休暇中にどこに滞在し、どんな天候だったのか、キーワードをドイツ語で書きましょう。

	a) Thomas	b) Anna	c) Leo	d) Megumi
滞在地	Rom	_____	_____	_____
天候	_____	kühl	_____	_____

ウィーンのコーヒー・メランジェ

ザッハー・トルテ

ウィーン風カツレツ

　ウィーンとハプスブルク家 ◇◇◇◇◇◇◇◇◇◇◇◇◇◇◇◇◇◇◇◇◇◇◇◇◇◇◇◇◇

　音楽の都、美術の都、建築の都、歴史の都、夢の都。オーストリアの首都ウィーンはとにかく美しく、観光客の多い街です。ハプスブルク家の祖先は、11世紀頃スイス北東部に住んでいた小貴族でした。しかしその小貴族の家のルドルフ1世が1273年に神聖ローマ帝国のドイツ王に選出されると、一族はスイスからオーストリアへ本拠地を移します。こうして、20世紀初頭まで続く華麗なるハプスブルク王朝の発展の礎が築かれたのです。その王朝史のキーワードを少しだけ見ていきましょう。たとえば、16世紀前半における神聖ローマ皇帝カール5世の「太陽の沈むことなき帝国」。このとき、イギリス、フランス、ローマ教皇領を除き、スペインからオーストリアまでのヨーロッパのほとんどが、いやそれだけではなく、発見されて間もない新大陸アメリカまでもが、ハプスブルク家の支配下に置かれていました。そして、18世紀半ばの「オーストリアにはマリア・テレジアあり」。女帝マリア・テレジアは、何と16人もの子供をもうけながら国内では大改革を行い、オーストリアは彼女の治世下で近代国家へと変貌していきました。さらに「ママ、兄さんが好きなのはシシィのほうだよ」。1848年に18歳の若さでオーストリア皇帝に即位したフランツ・ヨーゼフは、バイエルン公女シシィことエリザベートに一目惚れし、母親の反対を押し切って結婚しました。このとき皇帝23歳、シシィ15歳。姉のお見合いについてきた妹のほうを見染めた有名なエピソードです。皇妃エリザベートはヨーロッパ随一の美貌と謳われ、国民にはたいへん人気がありました。しかし、フランツ・ヨーゼフは妻に先立たれ、第一次世界大戦中の1916年にシェーンブルン宮殿で86歳の生涯を閉じます。その後継者カール1世をもって、約650年にもおよぶハプスブルク王朝は終焉しました。光が眩しければ、それだけ闇も深く、華麗なる歴史の背後にはいつも数々の悲劇があったことも事実です。そしてその舞台であったウィーンはいまも、歴史の証人として世界中の人々を惹きつけてやみません。

カール5世

マリア・テレジア

エリザベート皇妃

フランツ・ヨーゼフ1世

サッカー観戦 (Fußballspiel im Stadion)

● 再帰表現・zu 不定詞

Lektion 1
Lektion 2
Lektion 3
Lektion 4
Lektion 5
Lektion 6
Lektion 7
Lektion 8
Lektion 9
Lektion 10
Lektion 11
Lektion 12

1 再帰代名詞

1つの文の中で主語と同じものを表す代名詞を再帰代名詞といいます。再帰代名詞には3格と4格があります。

	1人称		2人称			3人称	
	ich	wir	du	ihr	Sie	er/sie/es	sie
3格	mir	uns	dir	euch	**sich**	**sich**	**sich**
4格	mich	uns	dich	euch	**sich**	**sich**	**sich**

◆ 1人称と親称2人称は人称代名詞と同形です。 ➡ 人称代名詞については16ページを参照。

Er macht mir Kaffee.	彼は私にコーヒーを入れてくれます。（mirは人称代名詞）
Ich mache **mir** Kaffee.	私は自分にコーヒーを入れます。　　（mirは再帰代名詞）
Er liebt mich.	彼は私を愛しています。　　　　　　（michは人称代名詞）
Ich liebe **mich**.	私は自分を愛しています。　　　　　（michは再帰代名詞）

1）所有を表す再帰代名詞の3格

Ich wasche **mir** die Hände. 　　　私は（自分の）手を洗います。

2）相互代名詞的用法

主語が複数を意味する語の場合、再帰代名詞を相互代名詞「互いに」の意味で用いることがあります。

Wir verstehen **uns** sehr gut. 　　　私たちは（互いに）とても良く理解し合っています。

Megumi und Anna helfen **sich**. 　　　めぐみとアンナは（互いに）助け合っています。

2 再帰動詞

再帰代名詞と結合して1つのまとまった意味をなす動詞を再帰動詞といいます。4格の再帰代名詞をとるものと、3格の再帰代名詞をとるものがあります。

1）4格の再帰代名詞をとる再帰動詞

sich⁴ freuen 喜ぶ

ich	freue mich	wir	freuen uns
du	freust dich	ihr	freut euch
er/sie/es	freut sich	sie/Sie	freuen sich

2）3格の再帰代名詞をとる再帰動詞

sich³ et⁴ merken 〜を覚えておく

ich	merke mir et⁴	wir	merken uns et⁴
du	merkst dir et⁴	ihr	merkt euch et⁴
er/sie/es	merkt sich et⁴	sie/Sie	merken sich et⁴

3）再帰代名詞には特定の前置詞と結合して用いるものがあります。

sich⁴ auf et⁴ freuen 　〜を楽しみにする 　　　sich⁴ für et⁴ interessieren 　〜に興味がある

sich⁴ über et⁴ freuen 　〜を喜ぶ 　　　　　　sich⁴ an et⁴ erinnern 　　〜を思い出す、覚えている

次の会話文を和訳し、ペアで発音練習しましょう。さらに指示にしたがって赤字部分を入れ替えてペアで練習しましょう。

🎧 ❶ トーマスとレオの息抜きは…
58

Thomas: Am Wochenende habe ich ein Fußballspiel gesehen.

Leo: Im Stadion?

Thomas: Nein, im Fernsehen. Interessierst du dich für Fußball?

Leo: Ja, sehr.

Thomas: Gehen wir nächsten Samstag zusammen ins Stadion?

Ich freue mich schon sehr darauf. Und du?

Leo: Oh, ja. Ich auch! Wo treffen wir uns?

1) ein Fußballspiel sehen ⇒ ein Konzert hören   das Stadion ⇒ das Konzerthaus
Fußball ⇒ Musik

2) ein Fußballspiel sehen ⇒ einen Film sehen   das Stadion ⇒ das Kino
Fußball ⇒ Filme (*pl.*)

🎧 ❷ めぐみはどちらかというと朝が苦手です…
59

Megumi: Wie spät ist es jetzt? Ich muss mich beeilen.

Ich muss mir noch die Haare waschen.

Anna: Wie oft duschst du dich eigentlich pro Tag?

Megumi: Zweimal. Vor dem Frühstück und nach dem Abendessen.

Aber in Japan bade ich mich abends.

Das Baden ist entspannend.

Anna: Das kann ich mir gut vorstellen.

1) ich ⇒ wir   2) ich ⇒ Yumi

📖 チェックポイント

1. 再帰動詞を現在人称変化させましょう。

	sich⁴ duschen シャワーを浴びる	sich³ das vor|stellen そのことを想像する
ich		
du		
er/sie/es		
wir		
ihr		
sie/Sie		

2. カッコ内の語を適切な形に変化させ、ドイツ語の文を完成させましょう。

1) きみはそのハイキングを楽しみにしていますか。(du, sich freuen, der Ausflug, auf)

3　zu 不定詞句

ドイツ語の zu 不定詞は、英語の to 不定詞に相当します。ふつう zu ＋不定詞でつくりますが、分離動詞の場合には、前綴りと基礎動詞のあいだに zu を入れて、全体を 1 語で書きます。

不定詞		zu 不定詞
lernen	→	**zu lernen**（＝to learn）
ein｜laden	→	**einzuladen**（＝to invite）

副詞や目的語をともなって zu 不定詞句をつくるとき、zu 不定詞は句の最後に置かれます。

zu 不定詞句　　heute Deutsch **zu lernen**（＝to learn German today）

　　　　　　　meine Freunde zur Party **einzuladen**

　　　　　　　　　　　　　　　　　　　（＝to invite my friends to the party）

4　zu 不定詞句の用法

1) 名詞的用法：「～すること」。es を形式上の主語（述語、目的語）として先行させることもあります。

　　a) 主語として

　　Deutsch zu lernen ist interessant.　　　　　　　　ドイツ語を学ぶことは面白いです。

　　Es ist interessant, **Deutsch zu lernen**.　　　（＝It is interesting to learn German.）

　　b) 述語として

　　Mein Wunsch ist es, **in Wien zu studieren**.

　　　　　　　　　　　　　　　　　　　　　　私の望みはウィーンに留学することです。

　　c) 目的語として

　　Ich habe vor, **am Wochenende meine Freunde zur Party einzuladen**.

　　　　　　　　　　　　　私は週末に友人たちをパーティーに招待することを予定しています。

2) 形容詞的用法：直前の名詞を修飾します。

　　Hast du Lust, **mit mir ins Kino zu gehen**?

　　　　　　　　　　　　　　　　　　　　きみは私と一緒に映画に行く気はありますか。

3) 副詞的用法

　　a) **um ... zu** 不定詞　「～するために」（＝[in order] to 不定詞）

　　Er fährt nach Deutschland, **um Deutsch zu lernen**.

　　　　　　　　　　　　　　　　　　　彼はドイツ語を勉強するためにドイツへ行きます。

　　b) **ohne ... zu** 不定詞　「～することなしに」

　　Mein Sohn geht aus dem Zimmer, **ohne ein Wort zu sagen**.

　　　　　　　　　　　　　　　　　　　私の息子は一言も言わずに部屋から出ていきます。

　　c) **statt ... zu** 不定詞　「～する代わりに」

　　Sie schreibt mir eine E-Mail, **statt mich anzurufen**.

　　　　　　　　　　　　　　　　　　　彼女は私に電話をする代わりにメールを書きます。

次の会話文を和訳し、ペアで発音練習しましょう。さらに指示にしたがって赤字部分を入れ替えてペアで練習しましょう。

❸ めぐみもサッカー観戦に行くのでしょうか…
60

Thomas: Ich habe vor, am Samstag mit Leo
zu einem Fußballspiel zu gehen.
Hast du Lust, mitzukommen?

Megumi: Lust schon, aber ich habe leider viel zu tun.
Ich möchte erst mal richtig ausschlafen.
Dann will ich zum Supermarkt, um Lebensmittel einzukaufen.
Am Abend muss ich lernen, weil wir am Montag ein Diktat
schreiben. Also, ich wünsche euch viel Spaß!

1) zu einem Fußballspiel gehen➡aus|gehen 　　　der Supermarkt➡Jan
　Lebensmittel ein|kaufen➡ihm beim Umziehen helfen
2) zu einem Fußballspiel gehen➡einen Ausflug machen 　der Supermarkt➡die Apotheke
　Lebensmittel ein|kaufen➡Tabletten ab|holen

❹ さあ、また新しい1週間の始まりです…
61

Anna: Ist Megumi zur Uni gegangen, ohne zu frühstücken?

Leo: Ja, sie hat heute eine Prüfung.
Sie darf sich deshalb nicht verspäten.
Wohin gehst du jetzt, Anna?

Anna: Ich gehe zur Post, um ein Paket abzuschicken.

Leo: Ich gehe auch los, wenn ich meinen Kaffee ausgetrunken habe.

1) frühstücken➡etwas essen 　　　　die Post➡die Bank
　ein Paket ab|schicken➡Geld ab|heben
2) frühstücken➡uns guten Morgen sagen 　die Post➡das Kaufhaus
　ein Paket ab|schicken➡mir eine Jacke kaufen

チェックポイント

1. 正しい語順で zu 不定詞句を完成させましょう。
1) その本を理解することは容易ではありません。（verstehen, das Buch, zu）
　Es ist nicht einfach, ...
2) トーマスは彼の部屋を片付ける時間がありません。（zu, sein Zimmer, auf|räumen）
　Thomas hat keine Zeit, ...
3) レオはその試験に合格するために、毎日一生懸命に勉強しています。
　　　　　　　　　　　　　　　　　　　　（die Prüfung, um, zu, bestehen）
　Leo arbeitet jeden Tag fleißig, ...

まとめ

Lesen　テキストを訳しましょう。

　　Am Samstag gingen Thomas und Leo zum Fußballspiel *1. FC Köln*[1] gegen *Borussia Dortmund*[2] ins Stadion. Das Stadion war fast voll. Das Spiel war fesselnd und spannend. Zuerst schoss der Mittelfeldspieler Marco Reus von *Dortmund* ein Tor. *Dortmund* eroberte danach fast immer den Ball. Nach der Pause ging es

5　ähnlich weiter. Innerhalb der letzten 15 Minuten erzielte aber *Köln*s Stürmer Anthony Modeste zwei Treffer. Die Fans waren davon sehr begeistert. Sie jubelten. Am Ende gewann *Köln* das Spiel mit 2 zu 1. Thomas und Leo gingen in eine Kneipe, statt gleich nach Hause zu fahren. Die beiden waren auch sehr bewegt. Sie unterhielten sich bis spät in die Nacht über das Spiel.

1) 1. FC Köln「エルステエフツェーケルン」ノルトライン・ヴェストファーレン州のケルンに本拠地を置くサッカークラブチーム。
2) Borussia Dortmund「ボルシア・ドルトムント」ノルトライン・ヴェストファーレン州のドルトムントに本拠地を置くサッカークラブチーム。

1. FCケルン

ボルシア・ドルトムント

🎧 63 **Vokabular (9)**　身体

Haar (*n.*)	髪	Kopf (*m.*)	頭	Gesicht (*n.*)	顔	Auge (*n.*)	目	Ohr (*n.*)	耳
Nase (*f.*)	鼻	Mund (*m.*)	口	Zahn (*m.*)	歯	Hals (*m.*)	首、喉	Schulter (*f.*)	肩
Brust (*f.*)	胸	Arm (*m.*)	腕	Hand (*f.*)	手	Rücken (*m.*)	背中	Bauch (*m.*)	腹
Bein (*n.*)	脚	Fuß (*m.*)	足						

🎧 64 **Vokabular (10)**　頻度

jeden Tag	毎日	nie	一度も〜しない	einmal pro Tag / am Tag	1日に1回
jede Woche	毎週	(nur) selten	めったに〜しない	zweimal pro Woche / in der Woche	
jeden Monat	毎月	manchmal	ときどき		1週間に2回
jedes Jahr	毎年	oft	しばしば	dreimal pro Monat / im Monat	
		meistens	たいてい		1ヵ月に3回
		immer	いつも		

🎧 **Hören** 音声を聞いて、トーマス、アンナ、レオ、めぐみが何をどのくらいの頻度で行うのか、
65 キーワードをドイツ語で書きましょう。

	a) Thomas	b) Anna	c) Leo	d) Megumi
行うこと	_____	_____	_____	*Zähne putzen*
頻　度	_____	*einmal pro Tag*	_____	_____

sich⁴ duschen	シャワーを浴びる	sich⁴ baden	入浴する
sich⁴ waschen	体を洗う	sich³ die Zähne putzen	歯を磨く

Wissen 　ドイツとサッカー ◇◇◇◇◇◇◇◇◇◇◇◇◇◇◇◇◇◇◇◇◇◇◇◇◇◇◇◇◇◇◇◇◇◇◇◇

　ドイツのスポーツといえばサッカーでしょう。そのプロサッカーリーグであるブンデスリー
ガ（**Fußball-Bundesliga**）は1963年に創立されました。ブンデスリーガ1部には18チーム
が所属し、シーズンは8月から冬季休暇をはさんで翌年の5月まで、10カ月のあいだ続きます。
年間王者には栄光のマイスターシャーレ（**Meisterschale**）が授与されます。リーグ戦上位2
チームにはチャンピオンズリーグ（**UEFA**欧州サッカー連盟主催のヨーロッパ各国トップクラ
ブチームによるサッカー大会）の本大会出場資格、3位チームにはチャンピオンズリーグ予選
の出場資格が与えられます。シーズン最終成績の下位2チームが自動的に2部に降格するシステ
ムになっています。地元に根差した健全なクラブ経営を行っていること、スタジアムの環境も
良く、ファンサービスも充実していること、若い選手の育成に力を入れていることなどから、
シーズン中、スタジアムはいつもほぼ満席。世界でもっとも多くの観客動員数を誇る人気です。
また女子サッカー・ブンデスリーガも、男子のブンデスリーガをモデルにして1990年に設立
されました。ただし、こちらは12チーム構成となっています。ドイツ人はサッカーを観るだけ
ではなく、自分でサッカーをするのも好きです。ほとんどの市町村にはVereinと呼ばれる公営
のスポーツクラブがあり、ここでは子供から大人まで、トレーナーの指導を受けて大勢の人々
がサッカープレイに興じることができます。

クラブ別優勝回数（2021年/22年シーズン終了時）	
1位　バイエルン・ミュンヘン	31回
2位　ボルシア・ドルトムント	5回
3位　ボルシア・メンヒェングラートバッハ	5回
4位　ヴェルダー・ブレーメン	4回
5位　ハンブルガー SV	3回

バイエルン・ミュンヘン

◇◇

学食での会話 (Gespräch in der Mensa)
● 形容詞の格変化・比較表現

1 形容詞の用法

1) 述語的用法　Er ist fleißig.　　　　　　　　彼は勤勉です。
2) 副詞的用法　Er lernt fleißig Deutsch.　　　彼は勤勉にドイツ語を勉強します。
3) 付加語的用法　Er ist ein fleißig**er** Student.　彼は勤勉な学生です。

2 形容詞の格変化

付加語的用法の形容詞には、名詞の性・数・格に応じて語尾がつきます。形容詞の格変化には次の3種類があります。

1) **強変化**：形容詞＋名詞（無冠詞の場合）

形容詞が定冠詞類（dieser型）と同じように強く変化します。ただし、男性と中性の2格は、後続の名詞に -[e]s がつくので、弱い語尾 -en となります。

	男性名詞 (m.)	女性名詞 (f.)	中性名詞 (n.)	複数形 (pl.)
	良いコーヒー	良いミルク	良いビール	良い飲み物
1格	gut**er** Kaffee	gut**e** Milch	gut**es** Bier	gut**e** Getränke
2格	gut**en** Kaffees	gut**er** Milch	gut**en** Bier[e]s	gut**er** Getränke
3格	gut**em** Kaffee	gut**er** Milch	gut**em** Bier	gut**en** Getränken
4格	gut**en** Kaffee	gut**e** Milch	gut**es** Bier	gut**e** Getränke

2) **弱変化**：定冠詞(類)＋形容詞＋名詞

形容詞の前に定冠詞(類)がつく場合には、すでにこれらの冠詞類が名詞の格を表示しているので、形容詞は弱い語尾 -e や -en をとります。

	男性名詞 (m.)	女性名詞 (f.)	中性名詞 (n.)	複数形 (pl.)
	その白いコート	その白いブラウス	その白いシャツ	その白い靴
1格	der weiß**e** Mantel	die weiß**e** Bluse	das weiß**e** Hemd	die weiß**en** Schuhe
2格	des weiß**en** Mantels	der weiß**en** Bluse	des weiß**en** Hemd[e]s	der weiß**en** Schuhe
3格	dem weiß**en** Mantel	der weiß**en** Bluse	dem weiß**en** Hemd	den weiß**en** Schuhen
4格	den weiß**en** Mantel	die weiß**e** Bluse	das weiß**e** Hemd	die weiß**en** Schuhe

3) **混合変化**：不定冠詞(類)＋形容詞＋名詞

不定冠詞(類)は男性1格と中性1格・4格で格語尾がつかないので、形容詞がその3か所で強い語尾をとります。その他は 2) と同じ弱い語尾です。

	男性名詞 (m.)	女性名詞 (f.)	中性名詞 (n.)	複数形 (pl.)
	ひとつの新しい机	ひとつの新しい時計	ひとつの新しいベッド	私たちの新しい部屋
1格	ein neu**er** Tisch	eine neu**e** Uhr	ein neu**es** Bett	unsere neu**en** Zimmer
2格	eines neu**en** Tisch[e]s	einer neu**en** Uhr	eines neu**en** Bett[e]s	unserer neu**en** Zimmer
3格	einem neu**en** Tisch	einer neu**en** Uhr	einem neu**en** Bett	unseren neu**en** Zimmern
4格	einen neu**en** Tisch	eine neu**e** Uhr	ein neu**es** Bett	unsere neu**en** Zimmer

 **ペアで練習** ドイツの大学ではさまざまな文化的背景を持つ学生たちが勉強しています…

次の会話文を和訳し、ペアで発音練習しましょう。さらに指示にしたがって赤字部分を入れ替えてペアで
練習しましょう。

🎧 **①** 日に日に寒くなってきました。めぐみはそろそろ冬の衣類がほしくなります…
66

Verkäuferin: Guten Tag. Kann ich Ihnen helfen?

Megumi: Ja, bitte. Ich suche eine warme Jacke.

Verkäuferin: Wie gefällt Ihnen die braune Jacke da?

Megumi: Welche braune Jacke meinen Sie?

Verkäuferin: Diese braune Jacke.

Megumi: Hm. Nicht schlecht.

 Kann ich sie mal anprobieren?

1) die Jacke➡der Mantel   braun➡grün
2) die Jacke➡die Jeans (*pl.*)   braun➡blau

🎧 **②** 今日、めぐみが知り合った学生は…
67

Megumi: Wer ist der Student dort mit den schwarzen Haaren?

Jan: Er heißt Mesut. Er ist Türke.

 Seine Eltern haben hier einen großen Gemüseladen.

Megumi: Ich sehe ihn oft in der Bibliothek.

Jan: Ja, er ist ein fleißiger Mensch.

 Letzte Woche habe ich ihn kennengelernt.

 Er spricht perfekt Deutsch.

 Komm mit! Ich stelle dich ihm vor.

1) die schwarzen Haare➡die langen Beine (*pl.*)
 der Gemüseladen➡die Bäckerei   fleißig➡nett
2) die schwarzen Haare➡das hübsche Gesicht
 der Gemüseladen➡das Blumengeschäft   fleißig➡ernst

📃 **チェックポイント**

1. 冠詞に注意してドイツ語で表現しましょう。
 1) その黒いジャケットが（1格）[schwarz, Jacke(*f.*)]
 2) ドイツのビールを（4格）[deutsch, Bier(*n.*)]
 3) 私の年老いた母に（3格）[alt, Mutter(*f.*)]
 4) 一匹の小さい犬の（2格）[klein, Hund(*m.*)]
 5) それらの親切な人々は（1格）[nett, Leute(*pl.*)]
 6) 日本茶を（4格）[japanisch, Tee(*m.*)]

➡ 序数と日付の表現を75ページで練習しましょう。

3 形容詞・副詞の比較級・最上級

形容詞の比較級は原級に語尾 -er を、最上級には語尾 -st をつけます。幹母音 a, o, u を持つ1音節（母音が1つ）の形容詞の多くは、比較級・最上級で変音します。

1）規則変化

	原級	比較級	最上級
klein	小さい	kleiner	kleinst
teuer	値段が高い	teurer[1]	teuerst
jung	若い	jünger	jüngst
alt	年老いた・古い	älter	ältest[2]

[1]）-er, -el で終わる形容詞は、比較級でその e を省くことがあります。
[2]）-d, -t, -s, -ß, -sch, -z などで終わる形容詞は、最上級で口調上の e を入れ、語尾が -est となります。

2）不規則変化

	原級	比較級	最上級
groß	大きい	größer	größt
gut	良い	besser	best
hoch	高い	höher	höchst
viel	多い	mehr	meist
gern	好んで（副詞）	lieber	am liebsten

4 比較の用法

1）原級による比較：**so**＋原級＋**wie** 「A は B と同じくらい〜だ」

Er ist **so** *alt* **wie** ich.　　　彼は私と同じ年です。　（否定は **nicht so ... wie** 「ほど〜でない」）

2）比較級による比較：比較級＋**als** 「A は B よりも〜だ」

Er ist *älter* **als** ich.　　　彼は私より年上です。

3）最上級による比較：「A はもっとも〜だ」。形容詞の最上級には a) と b）のふたつの形がありますが、副詞の最上級はいつも b）の形です。

a）定冠詞（**der/ die / das**）＋最上級＋**e**

Thomas ist **der** *älteste* in der Klasse.　　　トーマスはそのクラスの中でもっとも年長です。

b）**am**＋最上級＋**en**

Thomas ist **am** *ältesten* in der Klasse.　　　トーマスはそのクラスの中でもっとも年長です。

Thomas trinkt **am** *liebsten* deutsches Bier.

トーマスはドイツのビールを飲むのが一番好きです。

5 形容詞の比較級・最上級の付加語的用法

付加語的用法の形容詞の比較級・最上級には、原級と同じ変化語尾をつけます。

Ich brauche ein *größeres* Zimmer.　　　私はもっと大きな部屋を必要としています。

Berlin ist die *größte* Stadt in Deutschland.　　　ベルリンはドイツでもっとも大きな都市です。

次の会話文を和訳し、ペアで発音練習しましょう。さらに指示にしたがって赤字部分を入れ替えてペアで練習しましょう。

3 めぐみはヤンにトルコ人学生メストを紹介してもらい、3人は学食へ…
68

Mesut: Meine Großeltern kommen aus Istanbul.

Die Hauptstadt Ankara ist viel (1) kleiner als Istanbul.

Megumi: Welche Stadt ist größer, Istanbul oder Berlin?

Mesut: Istanbul natürlich.

Berlin ist zwar (2) am größten in Deutschland, aber Istanbul hat

mehr als 10 Millionen Einwohner.

1) Berlin⮕Paris　　Deutschland⮕Frankreich
2) Berlin⮕London　Deutschland⮕England
　（1）viel　比較級を強めています。「はるかに〜」
　（2）zwar ..., aber ...「確かに〜だがしかし〜」

ケルン大学学生食堂

4 学食でさらに会話は続きます…
69

Mesut: Was isst du am liebsten hier in der Mensa?

Jan: Wiener Schnitzel.

Fleisch esse ich lieber als Fisch.

Mesut: Kochst du zu Hause auch selber?

Jan: Ja, sehr oft. Ich koche sogar besser als meine Frau.

Mesut: Ich koche selbst nur selten, weil ich bei meinen Eltern wohne.

1) Wiener Schnitzel⮕Schweinebraten　　　　　Fleisch⮕Schweinefleisch
　Fisch⮕Rindfleisch
2) Wiener Schnitzel⮕Bratwürste mit Pommes frites　Fleisch⮕Pommes frites
　Fisch⮕Kartoffelsalat

チェックポイント

1. 比較級、最上級をつくりましょう。

原級		比較級	最上級
1) schön	美しい	....	....
2) lang	長い	....	....
3) kurz	短い	....	....

2. カッコ内の語を適切に変化させ、ドイツ語の文を完成させましょう。
　1) トーマスはレオより背が高いです。(Thomas, sein, groß, Leo, als)

　　...

　2) ペーターは私たちのなかでいちばん背が高いです。(Peter, groß, sein, von, wir, am)

　　...

Sprechen あなた自身のことをペアで話しましょう。

1) Was isst du am liebsten?　　　　　　Ich _____.

2) Was trinkst du am liebsten?　　　　　Ich _____.

3) Was für Musik hörst du am liebsten?　Ich _____.

4) An welchem Tag hast du die meisten Vorlesungen?

　　Am _____.

5) An welchem Tag stehst du am frühesten auf?

　　Am _____.

6) An welchem Tag kommst du am spätesten nach Hause?

　　Am _____.

Vokabular (11)　70　衣類

Mantel(m.)	コート	Pullover(m.)	セーター	Jacke(f.)	ジャケット
Hose(f.)	ズボン	Jeans(pl.)	ジーンズ	Rock(m.)	スカート
Bluse(f.)	ブラウス	Hemd(n.)	シャツ	T-Shirt(n.)	Tシャツ
Kleid(n.)	ワンピース	Anzug(m.)	(男性用の)スーツ	Kostüm(n.)	(女性用の)スーツ
Hut(m.)	帽子	Mütze(f.)	(つばのない)帽子	Krawatte(f.)	ネクタイ
Schal(m.)	ショール	Socken(pl.)	ソックス	Schuhe(pl.)	靴

Vokabular (12)　71　色

weiß	白色の	schwarz	黒色の	grau	灰色の	gelb	黄色の
rot	赤色の	grün	緑色の	blau	青色の	braun	茶色の

orange　オレンジ色の（話し言葉以外では無変化）

rosa　ピンクの（無変化）　　　　　violett　紫色の（比較変化なし）

Hören　72　音声を聞いて、トーマス、アンナ、レオ、めぐみが何色のどのような衣類を買ったのかをドイツ語で書きましょう。

	a) Thomas	b) Anna	c) Leo	d) Megumi
衣類	_____	Bluse	_____	_____
色	_____	_____	_____	schwarz

Wissen　　ドイツと外国人 ◇◇◇

　現在のドイツは「移民国家」と言えるでしょう。ドイツ連邦統計局のデータによれば、2019年、ドイツの総人口8317万人のうち24.3％が「移民の背景」を持つ人々でした。「移民の背景」を持つ人々とは？ 1950年以降、自分か両親か祖父母がドイツへ移住してきた人たちのことです。戦後、高度経済成長期の西ドイツは、イタリア、ギリシア、スペインなどから多数の外国人労働者を公式に募集しました。 1970年代になると、彼らに代わってトルコ人労働者がもっとも多くなります。その影響で、現在でも、「移民の背景」を持つ人々の出身国のトップ3が1位トルコ、2位ポーランド、3位シリアです。さらに「移民の背景」を持つ人々のうち、50％以上がドイツ国籍を取得しています。かつてドイツでは、国籍を取得する際に、両親のどちらかがドイツ人でなければならないという条件が付いていました。しかし2000年1月に発効した「新国籍法」では、両親のどちらかが合法的に8年以上国内に滞在している外国人の子どもは、自動的にドイツ国籍を取得できるようになりました。彼らは18歳で成人に達した時点から5年以内に、つまり23歳までに、外国かドイツの国籍のいずれかを選択するシステムになっており、それまでは二重国籍が認められています。ところで、こうした「移民の背景」を持つ人々はドイツ社会に上手く統合しているのでしょうか。もちろん、ドイツ社会に上手く統合したケースと、教育や職業訓練コースからドロップ・アウトしてしまうケースが見られます。ドイツ政府は少子高齢化社会の到来に際して、ドイツが経済力を保持し、労働人口を維持するために移民の必要性を国民に強く訴えていますが、他方で、2015年の難民の大量流入やテロをきっかけに移民への視線が厳しくなっていることも事実です。ドイツへの移民数は、2015年の約210万人をピークに減少していますが、移民は、ドイツの経済・文化を考えるうえで重要な要因となっています。

1995年から2020年までのドイツへの移民数推移

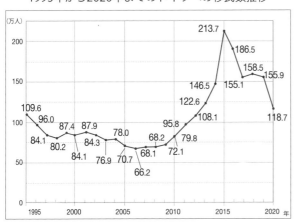

移民系のウール・シャヒンとオズレム・テュレジはドイツ・マインツに本社を置くバイオンテック社を創業し、2020年、COVID-19と戦うワクチンの1つを開発した。

◇◇

Lektion 10 カルチャーシーズン本番 (Hochsaison der Kultur)

●受動態

1 受動

日本語の「～される」に相当する表現形式を受動といいます。

受動形は werden を助動詞とし、本動詞の過去分詞を文末に置きます（**枠構造**）。

2 受動文のつくりかた

1）能動文の4格目的語を1格にして主語にします。

2）助動詞 werden を能動文と同じ時称で人称変化させ、能動文の本動詞を過去分詞にして文末に置きます。

3）能動文の主語を von＋3格にします。

能動文：<u>Der Lehrer</u> lobt <u>den Schüler</u>.   その教師はその生徒をほめます。
      m. 1格   *m*. 4格

受動文：<u>Der Schüler</u> **wird** von <u>dem Lehrer</u> **gelobt**.
      m. 1格   *m*. 3格
                     その生徒はその教師にほめられます。

4）ふつう、行為者は **von**＋3格、原因・手段は **durch**＋4格で表します。

能動文：Das Erdbeben zerstört die Stadt.   地震がその街を破壊します。

受動文：Die Stadt wird **durch** das Erdbeben zerstört.

5）能動文の主語が不定代名詞の man の場合には、行為者が明確でないため、受動文ではこれに対応する von＋3格は省略されます。

能動文：**Man** spricht in Österreich Deutsch.   オーストリアではドイツ語が話されます。

受動文：Deutsch wird in Österreich gesprochen.

3 受動の時称

現　　在：werden の現在形＋…＋過去分詞
　　　　　Der Schüler **wird** von dem Lehrer **gelobt**.

過　　去：werden の過去形＋…＋過去分詞
　　　　　Der Schüler **wurde** von dem Lehrer **gelobt**.

現在完了：sein の現在形＋…＋過去分詞＋worden
　　　　　Der Schüler **ist**[1] von dem Lehrer **gelobt worden**[2].

1）完了の助動詞は sein です。
2）受動の助動詞として用いられた werden の過去分詞は、前綴り ge- のつかない worden です。

ペアで練習　　11月はドイツでもっとも暗い季節。でもカルチャーシーズンは本番に…

次の会話文を和訳し、ペアで発音練習しましょう。さらに指示にしたがって赤字部分を入れ替えてペアで練習しましょう。

1 トーマスとめぐみは映画の話に…

73

Megumi: Die Geschichte von Hitler wird wieder verfilmt.

Thomas: Hast du den Film „Der Untergang"[(1)] gesehen?

Megumi: Ja, in Japan. Der Film wurde von einem
bekannten Regisseur gedreht.

Thomas: Stimmt. Wie findest du den Film?

Megumi: Ich finde ihn interessant.
Hat man in Deutschland diesen Film sehr geschätzt?

Thomas: Nein, in Deutschland wurde er negativ beurteilt.

『ヒトラー　最期の12日間』

1) „Der Untergang"⇒„Er ist wieder da"[(2)] 　　　　　　negativ beurteilen⇒kritisch einschätzen
2) „Der Untergang"⇒„Sophie Scholl – Die letzten Tage"[(3)] negativ beurteilen⇒gemischt bewerten

(1) „Der Untergang（没落）" 2004年、オリヴァー・ヒルシュビーゲル監督のドイツ映画。日本語タイトルは『ヒトラー　最期の12日間』。
(2) „Er ist wieder da（彼は帰ってきた）" 2015年、デヴィッド・ヴェンド監督のドイツ映画。日本語タイトルは『帰ってきたヒトラー』。
(3) „Sophie Scholl – Die letzten Tage（ゾフィー・ショル、最期の日々）" 2005年、マルク・ローテムント監督のドイツ映画。日本語タイトルは『白バラの祈り　ゾフィー・ショル、最期の日々』。

2 2人の話はさらに続き…

74

Megumi: Im Krieg kann man immer Täter, aber zugleich Opfer sein.
Berlin wurde zum Beispiel im Zweiten Weltkrieg[(1)] durch Luftangriffe
völlig zerstört.

Thomas: Ja, genau. Viele Menschen wurden dabei getötet.
In Hiroshima sind auch viele Menschen durch eine Atombombe
umgebracht worden.

Megumi: Ja, Kriege sind grausam.

1) zerstören⇒vernichten 　　　töten⇒verletzen
2) zerstören⇒beschädigen 　　töten⇒evakuieren
(1) der Zweite Weltkrieg 「第二次世界大戦」

チェックポイント

1. 受動文にしましょう。

1) Der Vater schenkt seinem Sohn das Buch. 　その父は息子にその本を贈ります。

現在形　＿＿＿＿＿＿＿＿＿＿＿＿＿＿＿＿＿＿＿＿＿＿＿＿＿＿＿＿＿＿＿＿

過去形　＿＿＿＿＿＿＿＿＿＿＿＿＿＿＿＿＿＿＿＿＿＿＿＿＿＿＿＿＿＿＿＿

現在完了形　＿＿＿＿＿＿＿＿＿＿＿＿＿＿＿＿＿＿＿＿＿＿＿＿＿＿＿＿

(Lektion tabs on left margin: Lektion 1, Lektion 2, Lektion 3, Lektion 4, Lektion 5, Lektion 6, Lektion 7, Lektion 8, Lektion 9, Lektion 10, Lektion 11, Lektion 12)

4 自動詞の受動

自動詞（①4格以外の目的語をとる動詞、または②目的語をまったくとらない動詞）の受動文は、主語となる4格目的語がないので、es を主語にします。この es は文頭以外では省略されます。

能動文：Man frühstückt bald. 　　　　　　もうすぐ朝食です。
受動文：**Es wird** bald **gefrühstückt.**
　　　　Bald wird gefrühstückt.

5 状態受動

werden の代わりに sein を用いると、「～されている」という状態受動になります。

動作受動：Das Restaurant **wird** um 23 Uhr **geschlossen.**

　　　　　　　　　　　　　　　　　そのレストランは23時に閉められます。

状態受動：Das Restaurant **ist** sonntags **geschlossen.**

　　　　　　　　　　　　　　　　　そのレストランは日曜日には閉まっています。

ケルンのパン屋

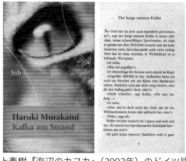

村上春樹『海辺のカフカ』（2002年）のドイツ語版

次の会話文を和訳し、ペアで発音練習しましょう。さらに指示にしたがって赤字部分を入れ替えてペアで練習しましょう。

🎧 **❸** 日本の文化もドイツに輸入されています…
75

Thomas: Ich habe gestern Abend ein Buch von Haruki Murakami gelesen.

Megumi: Wird Murakami in Deutschland oft gelesen?

Thomas: Ja, ziemlich oft. Es gibt schon viele Übersetzungen.
　　　　　Und du? Wie war denn der Tanzkurs?

Megumi: Da wurde viel getanzt und gelacht.

1) lesen⇒veröffentlichen　　der Tanzkurs⇒der Fotokurs　　tanzen⇒fotografieren
2) lesen⇒übersetzen　　　　der Tanzkurs⇒der Kochkurs　　tanzen⇒kochen

🎧 **❹** 翌朝、トーマスとレオの会話です…
76

Leo: Ich möchte gern ein leckeres Brot.
　　　Wann wird die Bäckerei an der Ecke geöffnet?

Thomas: Es ist jetzt halb acht. Sie ist schon geöffnet.

Leo: Warum fährst du heute eigentlich nicht nach Bonn?

Thomas: Weil mein Auto gerade repariert wird.

Leo: Möchtest du dir kein neues Auto kaufen?

Thomas: Nein, ich habe nicht so viel Geld.

1) das Brot⇒der Kuchen　　　nicht nach Bonn fahren⇒kein Referat schreiben
　 das Auto⇒der Computer
2) das Brot⇒die Kekse (*pl.*)　nicht nach Bonn fahren⇒nicht fern|sehen*
　 das Auto⇒der Fernseher

📑▶ チェックポイント

1. 受動文にしましょう。

1) Ihre Kinder helfen ihr oft.　彼女の子供たちはしばしば彼女を手伝います。

....

2) Heute arbeitet man nicht mehr.　今日はもう仕事をしません。
　 Heute ....

2. カッコ内の語を適切な形に変化させ、状態受動の文を完成させましょう。

1) そのホテルの部屋はもうすでに予約されています。

(das Hotelzimmer, schon, sein, reservieren)

....

Lesen

77　テキストを訳しましょう。

Am Sonntag hat Megumi im Fernsehen die deutsche Krimiserie „Babylon Berlin"[1] gesehen. Die Serie wird seit 2017[2] produziert und gesendet. Die Geschichte spielt 1929[3] in Berlin. Der Protagonist ist Kommissar Gereon Rath. Er ist von Köln nach Berlin gekommen. Bei der Berliner Polizei lernt er Charlotte
5　Ritter, Stenotypistin, kennen und beginnt mit ihr und seinen Kollegen die Ermittlungen. Er kommt dabei mit Politik, Mord, Kunst, Emanzipation und Extremismus[4] in Berührung. Die Weimarer Republik[5] war von wirtschaftlichen Krisen, politischen Problemen und gesellschaftlichen Unruhen geprägt. Aber kulturell erlebte das damalige Deutschland eine Blütezeit. Neue Medien wie
10　Radio und Film gelangten zu ihrem Durchbruch. In Deutschland gab es 1920[6] die erste Rundfunkübertragung. Musik wurde gespielt, aber auch große Sportveranstaltungen wurden übertragen. Diese kulturelle Blütezeit endete, als Adolf Hitler[7] 1933[8] zum Reichskanzler[9] ernannt wurde.
15　Megumi interessiert sich jetzt mehr als zuvor für die Geschichte der Weimarer Republik.

『バビロン・ベルリン』

1) Krimiserie „Babylon Berlin" 「スリラー連続ドラマ『バビロン・ベルリン』」
2) 2017 zweitausendsiebzehn
3) 1929 neuzehnhundertneunundzwanzig
4) Extremismus 「過激主義」当時のベルリンでは、右派・左派勢力の衝突が市中で頻繁に起こっていた。
5) die Weimarer Republik 「ワイマール共和国」（1918年－1933年）
6) 1920 neuzehnhundertzwanzig
7) Adolf Hitler アドルフ・ヒトラー（1889年－1945年）
8) 1933 neunzehnhundertdreiunddreißig
9) der Reichskanzler 「首相」

Sprechen

例にならって、あなた自身のことをペアで話しましょう。

例）Von wem wird dein Zimmer aufgeräumt?

　　— Mein Zimmer <u>räume ich selber auf</u>.

1) Von wem wird bei euch das Abendessen gekocht?

　　— Das Abendessen _____.

2) Von wem wird bei euch das Geschirr gespült?

　　— Das Geschirr _____.

Wissen　ドイツと「過去の克服」

　第二次世界大戦に敗れたドイツは戦後、ナチス時代の「負の遺産」とさまざまに取り組んできました。これを総称して「過去の克服」といいます。具体的にはどういうことなのでしょうか。数例を挙げましょう。まず、約600万人が犠牲になったといわれるユダヤ人大虐殺（ホロコースト）に代表されるナチスの犯罪被害者に対する政府・民間レベルで行われてきた補償です。さらに、ドイツでは謀殺罪に時効がないため、司法においてはナチス時代の戦犯追及がいまも行われています。また、ネオナチや極右の運動は、連邦政府の憲法擁護庁や警察によって厳しく監視されています。学校の歴史教育の現場でも、現代史が重視され、教科書ではナチス時代が詳しく取り上げられてきました。こうした「過去の克服」は、戦後ドイツの政治家たちの姿勢にも見られます。1970年12月、第4代ブラント首相は、ワルシャワのゲットー跡地に立つユダヤ人犠牲者追悼碑の前で跪き、深い謝罪の意を表しました。1985年5月には、第6代ヴァイツゼッカー大統領が、第二次世界大戦終結40周年式典の演説で、「負の遺産」の直視を改めて明言しました。戦後70年以上経つ現在でも、ドイツの文学や映画では、ナチス時代がいまも繰り返し大きなテーマとして扱われています。かつて軍事同盟を結び、同じように侵略戦争を行ったドイツと日本。ヨーロッパとアジアを単純に比較することはもちろんできませんが、しかし「過去の克服」によって近隣被害諸国の信頼を確実に回復してきたドイツと、いまだ「負の遺産」を清算できずに東アジア諸国と真に良好な関係が築けないでいる日本の違いは、非常に対照的です。

ワルシャワの
ゲットー跡地に
跪くブラント首相

ヴァイツゼッカー大統領
（1973年ボンで行われたCDU幹部会
の記者会見にて）

ユダヤ人のための
記念碑（ベルリン）

ネオナチに
抗議する市民デモ

ギムナジウムの
歴史教科書

強制収容所跡地を
訪れ、黙祷をささげ
るサッカー独代表

1 定関係代名詞・指示代名詞の格変化

	男性 (*m.*)	女性 (*f.*)	中性 (*n.*)	複数形 (*pl.*)
1格	der	die	das	die
2格	**dessen**	**deren**	**dessen**	**deren**
3格	dem	der	dem	**denen**
4格	den	die	das	die

2 定関係代名詞の用法

関係代名詞は、前に出てきた名詞（先行詞）を受ける代名詞の働きと、後続する文（関係文）を先行詞に結びつける働きをします。

1) 定関係代名詞の性・数は先行詞と一致します。
2) 定関係代名詞の格は関係文中の役割によって決まります。
3) 関係文は副文です。関係代名詞を先頭に、定動詞を文末に置きます。
4) 主文と関係文はコンマで区切ります。

1格　Der Student ist mein Freund.　Der Student sitzt dort.
　　　m.　　　　　　　　　　　　　　1格

Der Student, **der** dort *sitzt*, ist mein Freund.
　　　　　　*m.*1格　　　　　　　　あそこにすわっているその学生は私の友人です。

2格　Der Student ist mein Freund.　Der Vater des Studenten ist Arzt.
　　　m.　　　　　　　　　　　　　　　　　　　2格

Der Student, **dessen** Vater Arzt *ist*, ist mein Freund.
　　　　　　*m.*2格　　　　　　　　父親が医者であるその学生は私の友人です。

3格　Der Student ist mein Freund.　Ralf dankt dem Studenten.
　　　m.　　　　　　　　　　　　　　　　　　3格

Der Student, **dem** Ralf *dankt*, ist mein Freund.
　　　　　　*m.*3格　　　　　　　　ラルフが感謝しているその学生は私の友人です。

4格　Der Student ist mein Freund.　Ich habe gerade den Studenten gegrüßt.
　　　m.　　　　　　　　　　　　　　　　　　　　　　　　4格

Der Student, **den** ich gerade gegrüßt *habe*, ist mein Freund.
　　　　　　*m.*4格　　　　　　　　たったいま私が挨拶したその学生は私の友人です。

次の会話文を和訳し、ペアで発音練習しましょう。さらに指示にしたがって赤字部分を入れ替えてペアで練習しましょう。

① めぐみはすでにクリスマスマーケットに行ってきました…

Anna: Der Mann, der da steht, trinkt Glühwein.
Hast du schon mal Glühwein probiert?

Megumi: Ja, einmal auf dem Weihnachtsmarkt.
Freust du dich auf Weihnachten?

Anna: Ja. Weihnachten ist das Fest, das man ruhig
in der Familie feiert. Aber in einer großen Stadt wie Köln ist es
vor Weihnachten etwas hektisch. Man muss für seine Familie und
seine Freunde Geschenke suchen und kaufen...

1) der Mann➡die Frau
Man feiert das Fest ruhig in der Familie.➡Das Fest hat eine festliche Stimmung.
2) der Mann➡die Leute (*pl.*)
Man feiert das Fest ruhig in der Familie.➡Das Fest ist sehr wichtig für Christen.

② ケルンの街ではいくつものクリスマスマーケットが開かれています…

Anna: Ist das der Weihnachtsmarkt, den du gestern besucht hast?

Megumi: Nein, gestern waren wir am Dom.

Anna: Schau mal da, Megumi.
Kennst du das Kind, das uns winkt?

Megumi: Meinst du das Mädchen,
das eine rote Mütze trägt?
Ja, das ist Marie, Jans Tochter.

1) Du hast gestern den Weihnachtsmarkt besucht.
➡Ihr habt gestern den Weihnachtsmarkt besucht.
Das Mädchen trägt eine rote Mütze.➡Der Vater des Mädchens telefoniert mit dem Handy.
2) Du hast gestern den Weihnachtsmarkt besucht.
➡Leo hat gestern den Weihnachtsmarkt besucht.
Das Mädchen trägt eine rote Mütze.➡Die Mutter trägt das Mädchen auf dem Arm.

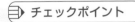 **チェックポイント**

1. 定関係代名詞を用いて1文に結び、訳しましょう。

1) Das Buch ist interessant. Er hat gestern das Buch gekauft.

2) Der Freund studiert Japanologie in Köln. Ich will morgen den Freund besuchen.

3　前置詞＋定関係代名詞

関係代名詞と前置詞が結びつくとき、前置詞＋関係代名詞という順で関係文の先頭に置きます。

Der Student ist mein Freund.　Der Professor spricht mit dem Studenten.
_m._ 　　　　　　　　　　　　　　　　　　　　　　　　　　　　　　　　　3格

Der Student, **mit dem** der Professor _spricht_, ist mein Freund.
　　　　　　_m._.3格　　　　　　　　　その教授が話しているその学生は私の友人です。

4　関係副詞

先行詞が場所・時などを表す語の場合、関係副詞 wo による書き換えができます。
関係副詞は関係文の先頭に、定動詞は文末に置きます。

Die Stadt, **wo**（= in der）Thomas geboren _ist_, liegt am Rhein.
　　　　　　　　　　　　　　　　　　　トーマスが生まれた街はライン河畔にあります。

Ich erinnere mich noch genau an den Tag, **wo**（= an dem）ich ihn
kennengelernt habe.　　　　　　　　私は彼と知り合った日をまだはっきりと覚えています。

5　指示代名詞の用法

1）指示代名詞は人称代名詞の代わりに用いられ、多くは文頭に置かれて強調の意味を持ちます。

Kennen Sie den Mann dort?　— Ja, **den** kenne ich gut.
　　あなたはそこにいる男性を知っていますか。— はい、あの人のことなら良く知っています。

2）近接の語を指示するために用いられます。

Er fotografiert den Politiker und **dessen** Frau.　彼はその政治家とその妻の写真を撮ります。
（Er fotografiert den Politiker und _seine_ Frau.）　彼はその政治家と自分の妻の写真を撮ります。

3）同じ語の反復を避けるために用いられます。

Sein Werk ist besser als **das** seines Sohns.
　　彼の作品は彼の息子の作品よりも優れています。

クリスマスマーケット

Birnen-Mäuse（洋ナシのチョコ掛け）

次の会話文を和訳し、ペアで発音練習しましょう。さらに指示にしたがって赤字部分を入れ替えてペアで練習しましょう。

3 イベント好きのトーマスがなぜ昨日は参加しなかったかというと…

Anna:　War Thomas gestern nicht mit auf dem Weihnachtsmarkt?

Megumi:　Nein, er war müde. Er hat den ganzen Tag in einem Café gejobbt.

Anna:　Wie heißt das Café, in dem er gestern gejobbt hat?

Megumi:　„Amadeus". Es liegt auf der Mozartstraße.

Anna:　Aha, das Café ist immer voll. Es ist sehr beliebt.

1) das Café ➡ die Kneipe
2) das Café ➡ der Imbiss

4 めぐみもアンナの買い物におつきあい…

Anna:　Das ist das Geschäft, wo ich heute einkaufen will.
　　　　Gehen wir hinein!

Megumi:　Was schenkst du deiner Mutter?

Anna:　Der schenke ich einen Schal.
　　　　Wie findest du den Schal hier?

Megumi:　Der ist schön. Aber der da ist viel schicker.

Anna:　Ja, stimmt. Den da nehme ich.

1) die Mutter ➡ der Vater　　　　　der Schal ➡ die Krawatte
2) die Mutter ➡ die Großeltern (*pl.*)　　der Schal ➡ die Hausschuhe (*pl.*)

⊟ チェックポイント

1. 定関係代名詞を用いて1文に結び、訳しましょう。

1) Das ist die Firma. Herr Schmidt arbeitet jetzt bei der Firma.

2) Da kommt endlich der Bus. Du hast schon lange auf den Bus gewartet.

2. カッコ内に適切な指示代名詞を入れ、訳しましょう。

1) Wem gehört das Auto? —（　　　　　）gehört meinem Vater.

2) Schmeckt dir der Salat? — Ja,（　　　　　）schmeckt mir sehr gut.

3) Seine Wohnung ist größer als（　　　　　）seines Bruders.

4) Anna geht mit ihrer Schwester und（　　　　　）Freund ins Kino.

 **Sprechen** 例にならって、ペアで質問し合いましょう。

82

例）Man macht Kaffee.

　　A: Ein Gerät, mit dem du Kaffee machst.

　　　Wie heißt das auf Deutsch?

　　B: Das ist eine Kaffeemaschine.

1）Man kocht Suppe.

2）Man brät Fleisch.

3）Man bäckt einen Kuchen.

4）Man wäscht Geschirr ab.

5）Man schneidet Brot.

6）Man erwärmt eine Tasse Milch.

Bügeleisen(*n.*)	アイロン	Kaffeemaschine(*f.*)	コーヒーメーカー
Waschmaschine(*f.*)	洗濯機	Staubsauger(*m.*)	掃除機
Backofen(*m.*)	オーブン	Messer(*n.*)	ナイフ
Spülmaschine(*f.*)	食洗機	Pfanne(*f.*)	フライパン
Mikrowelle(*f.*)	電子レンジ	Topf(*m.*)	深鍋
Kühlschrank(*m.*)	冷蔵庫	Schere(*f.*)	鋏

 **Vokabular (13)** 祝日

83

Neujahr　新年（1月1日）	Ostern　　　（成句ではふつう複数扱い）復活祭
Tag der Arbeit　メーデー（5月1日）	Pfingsten[1]　（成句ではふつう複数扱い）聖霊降臨祭
Tag der Deutschen Einheit　ドイツ統一記念日（10月3日）	
Weihnachten　（成句ではふつう複数扱い）クリスマス	Silvester[2]　大晦日

1）復活祭後の第7日曜日。5月初旬から6月初旬にあたる移動祝日。
2）公式の祝日ではありませんが、多くの企業や商店が慣例的に休みとなります。

Hören 音声を聞いて、トーマス、アンナ、レオ、めぐみがどの祝日に何をしたのかを線で
結びましょう。

84

　　　a) Thomas　　　b) Anna　　　c) Leo　　　d) Megumi

祝　日　　zu Ostern　　　zu Silvester　　　zu Pfingsten　　am Tag der Deutschen Einheit

したこと　　　①　　　　　　②　　　　　　　③　　　　　　④

① Er oder sie ist Ski gefahren.

② Er oder sie ist in den Bergen gewandert.

③ Er oder sie hat eine Ausstellung besucht.

④ Er oder sie hat ehrenamtlich gearbeitet.

Wissen ドイツ語圏とクリスマスマーケット ◇◇◇◇◇◇◇◇◇◇◇◇◇◇◇◇◇◇◇◇◇◇◇◇◇◇◇

　ドイツ語圏のクリスマスは11月末の日曜日から始まります。アドヴェント（Advent 待降節）と呼ばれるクリスマス前の4週間は、各地でクリスマスのイルミネーションが街中をきらびやかに飾り、クリスマスの楽しいイベントが行われます。その中心となるのは何といってもクリスマスマーケット（Weihnachtsmarkt）でしょう。特に人気のあるクリスマスマーケットはドイツに集中していて、「世界一有名なニュルンベルク」、「世界最大のシュトゥットガルト」、「世界最古のドレスデン」が三大クリスマスマーケットと呼ばれています。ところ狭しと立ち並ぶ露店では、色とりどりのクリスマス・オーナメントやグッズが売られ、焼きソーセージやグリューワイン（Glühwein シナモンなどのスパイスやレモンを入れて温めた甘い赤ワイン）の香りが立ち込めます。クリスマスマーケットはまさに、ドイツの寒い冬の夜に子供も大人も楽しめるロマンティックな空間となっているのです。またスイーツ好きにはたまらないのが、最近では日本でもおなじみのシュトレン（Stollen レーズンやドライフルーツ、ナッツ類が入ったケーキ）のほか、レープクーヘン（Lebkuchen）という伝統的なドイツの焼き菓子です。こちらはちょっと日本にはない独特の香辛料の味がしますが、好きな人には病み付きになるスイーツです。「世界一有名」といわれるニュルンベルクのクリストキンドレスマルクト（Christkindlesmarkt）の起源ははっきりしていませんが、17世紀前半に、毎週1回開かれていたふだんの週市がクリスマスマーケットに発展したと歴史家のあいだでは考えられています。クリストキンドレスマルクトには、毎年およそ200万人が訪れます。

グリューワイン

シュトレン

レープクーヘン

ニュルンベルクの
クリストキンドレス
マルクト

Lektion 12　希望 (Hoffnung)

● 接続法

1　接続法第1式の働きと人称変化

接続法第1式の働きには、「要求話法」と「間接話法」があります。第1式基本形は、不定詞の語幹に -e をつけます。人称変化語尾は、直説法過去と同じです。

		規則動詞	不規則動詞				sein
不定詞		machen	kommen	haben	werden	können	sein
接続法第1式基本形		mache	komme	habe	werde	könne	sei（例外）
ich	―	mache	komme	habe	werde	könne	sei
du	―st	machest	kommest	habest	werdest	könnest	sei[e]st
er/sie/es	―	mache	komme	habe	werde	könne	sei
wir	―n	machen	kommen	haben	werden	können	seien
ihr	―t	machet	kommet	habet	werdet	könnet	seiet
sie/Sie	―n	machen	kommen	haben	werden	können	seien

2　接続法第1式の用法

1) 要求話法：「〜せよ」、「〜であれ」の意味で用います。

　　Man **nehme** täglich eine Tablette.　　　　　　1日1錠服用のこと。（薬の服用の注意書きで）

2) 間接話法：原則として第1式を用います。第1式が直説法と同形になる場合は第2式を用いることもあります。

　　a) 直接話法と間接話法の時称

	直接話法		間接話法
	Er sagt / sagte:	彼は言います/言いました。	Er sagt / sagte,
現　在：	„Ich fahre mit dem Bus."	「僕はバスで行きます。」	➡ *er fahre* mit dem Bus.
過　去：	„Ich fuhr mit dem Bus."	「僕はバスで行きました。」	➡ *er sei* mit dem Bus **gefahren**.
現在完了：	„Ich bin mit dem Bus gefahren."	「僕はバスで行きました。」	

　　b) 直接話法から間接話法への書き換え

　　① 平叙文 ： Er sagt / sagte zu mir: „Ich fahre heute mit dem Bus zu dir."

　　　　　　　　　　　　彼は私に「僕は今日バスできみのところへ行くよ」と言います/言いました。

　　➡ Er sagt / sagte mir, *er* **fahre** heute mit dem Bus zu *mir*.

　　　　　　　　　　　　dass *er* heute mit dem Bus zu *mir* **fahre**.

◆ 英語と異なり、主文と間接引用文の時称を一致させません。時や場所を表す副詞はそのままにしておきます。

　　② 疑問文 ： Er fragt / fragte sie: „Wohnst du in Berlin?"

　　　　　　　　　　　　彼は彼女に「きみはベルリンに住んでいるの」と尋ねます / 尋ねました。

　　➡ Er fragt / fragte sie, **ob** *sie* in Berlin **wohne**.

　　　　Er fragt / fragte sie: „Wo wohnen Sie?"

　　　　　　　　　　　　彼は彼女に「あなたはどこにお住まいですか」と尋ねます/ 尋ねました。

　　➡ Er fragt / fragte sie, **wo** *sie* **wohne**.

次の会話文を和訳し、ペアで発音練習しましょう。さらに指示にしたがって赤字部分を入れ替えてペアで練習しましょう。

1　85　18歳で成人になるドイツでは、学生たちは政治の話もよくします…

Megumi:　Was liest du denn?

Thomas:　„Den Spiegel" (1). Ich lese gerade

　　　　　ein Interview mit dem Bundespräsidenten(2).

Megumi:　Was sagt er da?

Thomas:　Er sei vor vier Jahren in Tokyo gewesen. Dort habe er den Kaiser besucht.

　　　　　Er wolle wieder nach Ostasien reisen.

Megumi:　Oh, das ist ja toll! Ich freue mich darüber!

『シュピーゲル』誌

1) in Tokyo sein ⇒ Tokyo besuchen

　Er hat den Kaiser besucht. ⇒ Er hat mit dem Premierminister gesprochen.

2) in Tokyo sein ⇒ sich[4] in Tokyo auf|halten*

　Er hat den Kaiser besucht. ⇒ Er hat mit dem Außenminister diskutiert.

　（1）„Der Spiegel" 『シュピーゲル』。ハンブルクで発行されている週刊誌。
　（2）der Bundespräsident 「連邦大統領」男性弱変化名詞。

2　86　そろそろケルン名物カーニヴァルの時期です…

Megumi:　Die Karnevalszeit(1) kommt bald!

Thomas:　Ja. In Köln wird es wieder laut.

Megumi:　Man sagt, dass die Leute im Rheinland(2)

　　　　　aufgeschlossen seien. Stimmt das?

Thomas:　Das weiß ich nicht. Aber Leo hat mir einmal erzählt,

　　　　　ich sei ein typischer Rheinländer(3).

ケルンのカーニヴァルのパレード

1) aufgeschlossen ⇒ locker

　„Du bist ein typischer Rheinländer." ⇒ „Ich finde dich immer lustig."

2) aufgeschlossen ⇒ offen

　„Du bist ein typischer Rheinländer." ⇒ „Mit dir kommt man leicht ins Gespräch."

　（1）Karneval 「カーニヴァル（謝肉祭）」 復活祭前の準備期間である四旬節は、復活祭の46日前、「灰の水曜日」に始まります。古代や中世の信者たちは四旬節に断食をしていたので、その「灰の水曜日」の直前にごちそうを食べて大いに騒ぐお祭りがカーニヴァルです。マインツ、デュッセルドルフと並んで、ケルンのカーニヴァルは特に有名です。
　（2）Rheinland 「ライン地方」ライン川の中・下流地域。
　（3）Rheinländer 「ラインラント人」ライン地方の住民。

チェックポイント

1. 動詞の接続法第1式を人称変化させましょう。

	fahren 乗り物で行く			sprechen 話す	
ich	....	wir	....	ich	....	wir	....
du	....	ihr	....	du	....	ihr	....
er/sie/es	....	sie/Sie	....	er/sie/es	....	sie/Sie	....

Lektion 1
Lektion 2
Lektion 3
Lektion 4
Lektion 5
Lektion 6
Lektion 7
Lektion 8
Lektion 9
Lektion 10
Lektion 11
Lektion 12

3 接続法第 2 式の働きと人称変化

接続法第2式の働きには、主に「非現実話法」と「婉曲話法」があります。第2式基本形は、過去基本形に語尾 -e をつけます。その際、不規則動詞（強変化動詞・混合変化動詞）の幹母音 a, o, u はウムラウトします。人称変化語尾は、直説法過去と同じです。規則動詞は過去人称変化とまったく同じになります。

		規則動詞	不規則動詞				
不定詞		machen	kommen	haben	werden	können	sein
過去基本形		machte	kam	hatte	wurde	konnte	war
接続法第2式基本形		machte	käme	hätte	würde	könnte	wäre
Ich	—	machte	käme	hätte	würde	könnte	wäre
du	—st	machtest	kämest	hättest	würdest	könntest	wärest
er/sie/es	—	machte	käme	hätte	würde	könnte	wäre
wir	—n	machten	kämen	hätten	würden	könnten	wären
ihr	—t	machtet	kämet	hättet	würdet	könntet	wäret
sie/Sie	—n	machten	kämen	hätten	würden	könnten	wären

4 接続法第 2 式の用法

1）非現実話法

a）現在の事実に対する仮定（接続法第2式・現在）：「もしも〜ならば、〜だろう」

前提部（副文）	結論部（主文）
Wenn ich jetzt Urlaub **hätte**,	**führe** ich nach Italien.
Hätte ich jetzt Urlaub,	
Wenn ich jetzt Urlaub haben **würde**,	**würde** ich nach Italien fahren.

もし私にいま休暇があるなら、イタリアへ行くのに。

b）過去の事実に対する仮定（接続法第2式・過去）：「もしも〜だったならば、〜だっただろう」

前提部（副文）	結論部（主文）
Wenn ich letzte Woche Urlaub **gehabt hätte**,	**wäre** ich nach Italien **gefahren**.
Hätte ich letzte Woche Urlaub **gehabt**,	

もし私に先週休暇があったなら、イタリアへ行ったのに。

2）婉曲話法

a）控えめな主張

Ich **hätte** gern ein Kilo Kartoffeln.　　　　じゃがいもを1キロほしいのですが。

Das **wäre** besser.　　　　　　　　　　　　そのほうが良いでしょう。

b）丁寧な依頼

Könnten Sie mir bitte sagen, wo der Zug abfährt?

列車がどこから出るか教えていただけますか。

次の会話文を和訳し、ペアで発音練習しましょう。さらに指示にしたがって赤字部分を入れ替えてペアで練習しましょう。

 ③ 今日はあいにく朝から大雪が降っています。でも、めぐみが元気な理由は… ————

Anna: Draußen schneit es stark. Es ist kalt.

Wenn ich heute keine Vorlesung hätte, könnte ich zu Hause bleiben.

Wenn ich nur ein Auto hätte!(1)

Megumi: Nein, nein, Anna, wir sind jung! Gehen wir los!

Übrigens, gestern habe ich

eine gute Nachricht bekommen.

Ich kann mein Stipendium verlängern.

Anna: Das ist schön! Das freut mich auch für dich.

1) ich→wir   Ich habe kein Auto.→Es schneit.
2) ich→du   Ich habe kein Auto.→Es ist kalt.
　（1）前提部や結論部を独立させて用いることもできます。

④ めぐみはもう1年ドイツで勉強できることに… ————

Thomas: Ich habe von Anna gehört, du kannst auch dieses Jahr weiter

in Köln studieren.

Megumi: Ja. Ich freue mich sehr darüber. Wenn ich kein Stipendium mehr

bekäme, würde ich meine Koffer packen.

Thomas: Gehen wir dann mit Anna und Leo zusammen

zum Karnevalsumzug(1)!

Du kannst hier in Köln noch viel erleben!

Schönen Tag noch! Tschüs, Megumi!

1) Ich bekomme* weiter ein Stipendium. Deshalb packe ich nicht meine Koffer.
　➡Ich habe* noch Geld. Deshalb kehre ich nicht nach Japan zurück.
2) Ich bekomme* weiter ein Stipendium. Deshalb packe ich nicht meine Koffer.
　➡Professor Behringer hilft* mir immer noch. Deshalb studiere ich weiter in Köln.
　（1）der Karnevalsumzug「カーニヴァルのパレード」カーニヴァルのお祭りは木曜日に始まり、翌週の火曜日まで
　　　続きますが、圧巻は「バラの月曜日 Rosenmontag」のパレードです。

━▷ チェックポイント

1. 動詞の接続法第2式を人称変化させましょう。

	fahren 乗り物で行く				sprechen 話す		
ich		wir		ich		wir	
du		ihr		du		ihr	
er/sie/es		sie/Sie		er/sie/es		sie/Sie	

まとめ

Lesen　テキストを訳しましょう。

89

Im Dezember 2021[1] wurde Olaf Scholz von der SPD[2] zum neunten Bundeskanzler gewählt. Damit ist die Amtszeit von Angela Merkel（CDU[3]）als Kanzlerin zu Ende gegangen. Anna vermisst sie jetzt sehr. Merkel war die erste Frau in diesem Amt. Sie kam aus der DDR[4] und studierte Physik. Sie ist selten

5　emotional und hat eine gute Selbstbeherrschung. Sie blieb 16 Jahre im Amt und war bis zuletzt sehr beliebt. International hat man sie „German Mutti"[5] genannt. Sie wurde mit vielen Krisen konfrontiert, zum Beispiel mit der Euro-Krise[6], der Flüchtlingskrise[7] und der Corona-Pandemie[8]. Wenn es Bundeskanzlerin Merkel nicht gegeben hätte, würde Deutschland heute in der Welt kein so hohes

10　Ansehen genießen. Eine Aussage von Merkel 2015[9] hat Anna besonders beeindruckt. In diesem Jahr kamen viele Flüchtlinge nach Deutschland. Merkel war bereit, diese Menschen aufzunehmen. Sie sagte in einer Pressekonferenz, wenn man in Notsituationen kein freundliches Gesicht zeigen dürfe, dann sei Deutschland nicht ihr Land. Anna will sich ab nächster Woche in einer

15　Organisation für Menschenrechte ehrenamtlich engagieren.

1) 2021 zweitausendeinundzwanzig
2) SPD Sozialdemokratische Partei Deutschlands「ドイツ社会民主党」の略称
3) CDU Christlich Demokratische Union Deutschlands「ドイツキリスト教民主同盟」の略称
4) die DDR Deutsche Demokratische Republik 「ドイツ民主共和国」(旧東ドイツ)
5) „German Mutti"「ドイツのお母さん」
6) die Euro-Krise「ユーロ危機」ギリシアに端を発するユーロ危機は、2010年からヨーロッパで金融危機を次々と引き起こした。
7) die Flüchtlingskrise「難民危機」 2015年、中東などからヨーロッパへ大量の難民が押し寄せ、社会的・政治的危機が生ずる原因となった。同年、ドイツへは89万人の難民が流入した。
8) die Corona-Pandemie「新型コロナウィルス・パンデミック」
9) 2015 zweitausendfünfzehn

Sprechen　例にならって、あなた自身のことをペアで話しましょう。

例) Was würdest du machen, wenn du sehr reich wärest?

　　— Ich würde <u>mir ein großes Haus kaufen</u>.

1) Was würdest du machen, wenn der Deutschunterricht heute ausfiele?

　　— Ich würde _____ .

2) Was würdest du machen, wenn du jetzt in Deutschland wärest?

　　— Ich würde _____ .

連邦大統領と連邦首相 ◇◇

　ドイツ連邦共和国を代表する2人といえば、まずは連邦大統領（Bundespräsident）と連邦首相（Bundeskanzler）でしょう。連邦大統領は国家元首です。大統領は、すべての連邦議会議員と、各州議会で選出される同数のメンバーによって構成される連邦集会（Bundesversammlung）で選ばれます。連邦大統領の任期は5年で、再選は1度だけ可能です。大統領の任務は主に国を代表するもので、政治の実権はありません。これは、ワイマール共和国時代、強大な権限を持っていたパウル・フォン・ヒンデンブルク大統領のもとで政治が不安定になり、ナチ党の権力掌握を招いてしまった歴史的反省に基づいています。しかし大統領は、時事的政治課題に関するみずからの基本的な態度を表明し、あらゆる政党の利害を超えたところで、国民の政治的倫理的姿勢に少なからぬ影響を与えることができます。ドイツ連邦共和国の立法にかかわる任務を行うのは、連邦議会（Bundestag）と連邦参議院（Bundesrat）です。連邦議会は「人物を加味した比例代表選挙」によって、4年毎に国民によって選出されます。これに対して、連邦参議院は、16の連邦州の代表によって構成されています。行政権を持つのは連邦政府（Bundesregierung）、つまり内閣ですが、この政府を代表し、政府の政治方針を決定するのが連邦首相です。首相は連邦議会によって選出され、議会に対して責任を負います。首相の議会に対する責任は、「建設的不信任」として問われることがあります。すなわち、連邦議会における内閣不信任は、議会における過半数の賛成によって後継首相が選出された場合にのみ成立するしくみです。この制度も、ワイマール共和国時代、倒閣だけをめざした内閣不信任案が乱発されて政治が混乱した反省から基本法（ドイツの憲法）に導入されました。16年間のメルケル政権後、2021年12月にオーラフ・ショルツが第9代首相に選出されました。

ドイツ連邦共和国の歴代大統領と首相

歴代連邦大統領　　　　　　　　　　　　　　　　歴代連邦首相

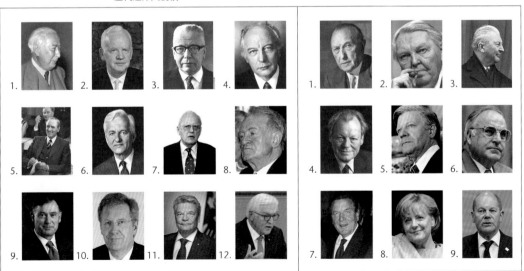

（各氏名、所属政党、在任期間は74、75ページを参照）

◇◇

1 数詞

90) 1）基数

0	null	10	zehn	20	**zwan**zig
1	eins	11	**elf**	21	einundzwanzig
2	zwei	12	**zwölf**	22	zweiundzwanzig
3	drei	13	dreizehn	30	drei**ßig**
4	vier	14	vierzehn	40	vierzig
5	fünf	15	fünfzehn	50	fünfzig
6	sechs	16	**sech**zehn	60	**sech**zig
7	sieben	17	**sieb**zehn	70	**sieb**zig
8	acht	18	achtzehn	80	achtzig
9	neun	19	neunzehn	90	neunzig

100	[ein]hundert
1 000	[ein]tausend
10 000	zehntausend
100 000	hunderttausend
1 000 000	eine Million
1989（数）	[ein]tausendneunhundertneunundachtzig
（年号）	neunzehnhundertneunundachtzig
2023（数・年号）	zweitausenddreiundzwanzig

91) **Hören 1** 音声を聞いて、正しい数字を書きましょう。

a) _____ b) _____ c) _____ d) _____ e) _____

92) **Hören 2** 音声を聞いて、正しい数字に○をつけましょう。

a) 18　　80　　b) 35　　53　　c) 61　　71　　d) 94　　96

ドイツ連邦共和国の歴代大統領
1. Theodor Heuss（テオドール・ホイス）・FDP・1949-1959
2. Heinrich Lübke（ハインリヒ・リュブケ）・CDU・1959-1969
3. Gustav Heinemann（グスタフ・ハイネマン）・SPD・1969-1974
4. Walter Scheel（ヴァルター・シェール）・FDP・1974-1979
5. Karl Carstens（カール・カルステンス）・CDU・1979-1984
6. Richard von Weizsäcker（リヒャルト・フォン・ヴァイツゼッカー）・CDU・1984-1994
7. Roman Herzog（ローマン・ヘルツォーク）・CDU・1994-1999
8. Johannes Rau（ヨハネス・ラウ）・SPD・1999-2004
9. Horst Köhler（ホルスト・ケーラー）・CDU・2004-2010
10. Christian Wulff（クリスティアン・ヴルフ）・CDU・2010-2012
11. Joachim Gauck（ヨアヒム・ガウク）・無所属・2012-2017
12. Frank-Walter Steinmeier（フランク・ヴァルター・シュタインマイアー）・SPD・2017-

93

2) 序数

原則として19までは基数に -t を、20以上は -st をつけます。数字で記す場合は、数字のあとに「.」を打ちます。

1.	**erst**	8.	**acht**	20.	zwanzig**st**
2.	zwei**t**	9.	neun**t**	21.	einundzwanzig**st**
3.	**dritt**	10.	zehn**t**	30.	dreißig**st**
4.	vier**t**	11.	elf**t**	40.	vierzig**st**
5.	fünf**t**	12.	zwölf**t**	100.	[ein]hundert**st**
6.	sechs**t**	13.	dreizehn**t**	101.	[ein]hunder**erst**
7.	**siebt**	19.	neunzehn**t**	1000.	[ein]tausend**st**

Meine **zweit**e Tochter wohnt in Berlin.　　私の次女はベルリンに住んでいます。

日付を表すときは、序数を用います。

Der Wievielte ist heute? / Den Wievielten haben wir heute?
　　　　　　　　　　　　　　　今日は何日ですか。

Heute ist der 3. (**dritt**e) Oktober. / Heute haben wir den 3. (**dritt**en) Oktober.
　　　　　　　　　　　　　　　今日は10月3日です。

Ich habe am 31. (**einunddeißigst**en) Januar Geburtstag.
　　　　　　　　　　　　　　　私は1月31日が誕生日です。

Der **Zweit**e Weltkrieg begann am 1. (**erst**en) September 1939.
　　　　　　　　　　　　　　　第二次世界大戦は1939年9月1日に始まりました。

Sprechen　　ペアで質問し合いましょう。

1) Der Wievielte ist heute?　　　　　　Heute _____.

2) Den Wievielten haben wir morgen?　　Morgen _____.

3) Wann hast du Geburtstag?　　　　　　Ich _____.

4) Wann beginnt das Uni-Fest?　　　　　Es _____.

ドイツ連邦共和国の歴代首相
1. Konrad Adenauer（コンラート・アデナウアー）・CDU・1949-1963
2. Ludwig Erhard（ルートヴィヒ・エアハルト）・CDU・1963-1966
3. Kurt Georg Kiesinger（クルト・ゲオルク・キージンガー）・CDU・1966-1969
4. Willy Brandt（ヴィリー・ブラント）・SPD・1969-1974
5. Helmut Schmidt（ヘルムート・シュミット）・SPD・1974-1982
6. Helmut Kohl（ヘルムート・コール）・CDU・1982-1998
7. Gerhard Schröder（ゲアハルト・シュレーダー）・SPD・1998-2005
8. Angela Merkel（アンゲラ・メルケル）・CDU・2005-2021
9. Olaf Scholz（オーラフ・ショルツ）・SPD・2021-

2 時

🎧 1) 時刻
94

Wie viel Uhr ist es? / Wie spät ist es?　　　　何時ですか。

　　— Es ist siebzehn Uhr. / Es ist fünf Uhr.　　5時です。

		公式		会話
	13:00	dreizehn Uhr	eins（ein Uhr）
	13:10	dreizehn Uhr zehn	zehn nach eins
	13:15	dreizehn Uhr fünfzehn	Viertel nach eins
	13:30	dreizehn Uhr dreißig	halb zwei
	13:45	dreizehn Uhr fünfundvierzig	Viertel vor zwei
	13:55	dreizehn Uhr fünfundfünfzig	fünf vor zwei
	14:00	vierzehn Uhr	zwei（zwei Uhr）

Um wie viel Uhr beginnt das Konzert?　　　　何時にコンサートは始まりますか。

　　— **Um** acht.　　　　　　　　　　　　8時ちょうどに。

　　— **Gegen** acht.　　　　　　　　　　　8時ごろに。

Sprechen　公式表現と会話表現で、ペアで質問し合いましょう。

Wie viel Uhr ist es ? / Wie spät ist es?　Es ist _____.

1）vormittags　午前

3）abends　晩

2）nachmittags　午後

4）nachts　夜

🎧 2) 副詞
95

| vorgestern | 一昨日 | gestern | 昨日 | heute | 今日 |
| morgen | 明日 | übermorgen | 明後日 | | |

morgens	朝に	nachmittags	午後に
vormittags	午前に	abends	晩に
mittags	昼に	nachts	夜に

🎧 3) 名詞
96

Morgen (m.)	朝	am Morgen	朝に
Vormittag (m.)	午前	am Vormittag	午前に
Mittag (m.)	正午・昼	am Mittag	昼に
Nachmittag (m.)	午後	am Nachmittag	午後に
Abend (m.)	夕方・晩	am Abend	晩に
Nacht (f.)	夜	in der Nacht	夜に

| Tag (m.) | 日 | Woche (f.) | 週 | Wochenende (n.) | 週末 |
| Monat (m.) | 月 | Jahr (n.) | 年 | | |

🎧 4) 曜日（すべて男性名詞）
97

Montag	月曜日	Freitag	金曜日
Dienstag	火曜日	Samstag	土曜日
Mittwoch	水曜日	Sonntag	日曜日
Donnerstag	木曜日		

➡ **am** Montag　月曜日に

🎧 5) 月（すべて男性名詞）
98

Januar	1月	Mai	5月	September	9月
Februar	2月	Juni	6月	Oktober	10月
März	3月	Juli	7月	November	11月
April	4月	August	8月	Dezember	12月

➡ **im** Januar　1月に

🎧 6) 四季 （すべて男性名詞）
99

| Frühling | 春 | Sommer | 夏 | Herbst | 秋 | Winter | 冬 |

➡ **im** Frühling　春に

文法の補足

1 話法の助動詞の現在完了形

1) 話法の助動詞の過去分詞は不定詞と同じ形になります。また、話法の助動詞はすべて、haben を完了の助動詞とします。

Er **hat** gestern zur Uni gehen **müssen**. 　彼は昨日、大学へ行かなければなりませんでした。

2) 話法の助動詞が単独で用いられた場合の過去分詞は ge — t です。

Er **hat** gestern zur Uni **gemusst**. 　　彼は昨日、大学へ行かなければなりませんでした。

2 形容詞の名詞化

形容詞は単独で、付加語的用法と同じ語尾変化をして、語頭を大文字で書き、名詞として用いることができます。男性・女性・複数は、形容詞の性質を持った「人」を表し、中性は、その形容詞の性質を持った「物・事」を表します。

	男性 (*m.*)		女性 (*f.*)		複数 (*pl.*)		中性 (*n.*)	
	その老人（男）		その老人（女）		その老人たち		その古い物・事	
1格	der	Alte	die	Alte	die	Alten	das	Alte
2格	des	Alten	der	Alten	der	Alten	des	Alten
3格	dem	Alten	der	Alten	den	Alten	dem	Alten
4格	den	Alten	die	Alte	die	Alten	das	Alte
	ひとりの老人（男）		ひとりの老人（女）		老人たち		ひとつの古い物・事	
1格	ein	Alter	eine	Alte		Alte	ein	Altes
2格	eines	Alten	einer	Alten		Alter	eines	Alten
3格	einem	Alten	einer	Alten		Alten	einem	Alten
4格	einen	Alten	eine	Alte		Alte	ein	Altes

Der Deutsche ist unser neuer Lehrer. 　　そのドイツ人が私たちの新しい先生です。

Frau Schulz ist **eine gute Bekannte** von mir.

シュルツさんは私の良い知り合いです。

中性の場合、不定冠詞と組み合わせた形はあまり用いられず、実際には次のような形で多く用いられます。

	何か古い物・事（＝*something old*）	何も古い物・事はない（＝*nothing old*）
1格	etwas Altes	nichts Altes
2格	—	—
3格	etwas Altem	nichts Altem
4格	etwas Altes	nichts Altes

Steht **etwas Neues** in der Zeitung? — Nein, **nichts Neues**.

新聞に何か新しいことは載っていますか。— いいえ、何も新しいことは載っていません。

3 現在分詞・過去分詞の用法

1) 現在分詞の用法

現在分詞は不定詞＋d でつくります。ただし、英語のように進行形をつくることはしません。

weinen　泣く→ weinend

a) 付加語的用法：「〜している」 形容詞の格変化語尾をつけます。

　➡ 形容詞の格変化については50ページを参照。

Wie heißt das **weinende** Kind?　　　　　その泣いている子供は何という名前ですか。

b) 副詞的用法：「〜しながら」

Das Kind geht **weinend** nach Hause.　　その子供は泣きながら家へ帰ります。

2) 過去分詞の用法

　➡ 過去分詞のつくりかたについては38ページを参照。

a) 付加語的用法：自動詞の過去分詞は「〜した、〜してしまった」という能動の完了の意味を、他動詞の過去分詞は「〜された」という受動の意味を表します。現在分詞の場合と同様、形容詞の格変化語尾をつけます。

Die **angekommenen** Touristen sind sehr müde.

その到着した観光客たちはとても疲れています。

Ich esse ein **gekochtes** Ei.　　　　　　私はゆで（られた）卵を食べます。

b) 副詞的用法：

Sie schüttelte **verzweifelt** den Kopf.　　彼女は絶望して首を振りました。

4 過去完了形

過去完了形は、過去のある時点から見てすでに完了している事柄を表すのに用います。完了の助動詞 haben または sein を過去人称変化させ、本動詞の過去分詞を文末に置きます（**枠構造**）。

	不定詞　lernen	
ich	hatte	..... gelernt
du	hattest	..... gelernt
er/sie/es	hatte	..... gelernt
wir	hatten	..... gelernt
ihr	hattet	..... gelernt
sie/Sie	hatten	..... gelernt

	不定詞　gehen	
ich	war	..... gegangen
du	warst	..... gegangen
er/sie/es	war	..... gegangen
wir	waren	..... gegangen
ihr	wart	..... gegangen
sie/Sie	waren	..... gegangen

Ich **hatte** schon zu Abend **gegessen**, als mein Mann nach Hause kam.

　私の夫が帰宅したとき、私はすでに夕食を食べてしまっていました。

Mein Mann **war** schon **ausgegangen**, als ich nach Hause kam.

　私が帰宅したとき、私の夫はすでに外出してしまっていました。

5 不定関係代名詞

1) 不定関係代名詞の格変化

特定の先行詞を持たない関係代名詞を不定関係代名詞といい、wer と was があります。

1格	wer	was
2格	wessen	—
3格	wem	—
4格	wen	was

2) 不定関係代名詞 wer の用法

「～する人は誰でも」という意味で、特定の先行詞をとりません。定関係代名詞を用いた関係文と同様に、定動詞後置となります。wer に導かれる関係文が主文の前に来るときは、あとに続く主文の文頭に男性の指示代名詞を置きます。ただし、wer — der の対応の場合は、指示代名詞を省略することができます。

Wer Geld *hat*, [**der**] ist nicht immer glücklich.

お金を持っている人がいつも幸福であるとは限りません。

Wen man *liebt*, **dem** möchte man treu sein.

愛する者には人は誠実でありたいと願います。

3) 不定関係代名詞 was の用法

a) 特定の先行詞をとらない場合、「～する物、事は何でも」という意味になります。定関係代名詞を用いた関係文と同様に、定動詞後置となります。was に導かれる関係文が主文の前に来るときは、あとに続く主文の文頭に中性の指示代名詞を置きます。ただし、was — das の対応の場合は、指示代名詞を省略することができます。

Was schön *ist*, [**das**] ist nicht immer gut. 美しい物がいつも良いとは限りません。

b) wer と異なり、先行詞をとることもできます。たとえば、das, etwas, alles, nichts, vieles、および形容詞の最上級の中性名詞化、das Beste「最善の物」などが先行詞となります。

Er glaubt **alles**, **was** man ihm *sagt*. 彼は人の言うことをすべて信じてしまいます。

c) was は前文の文意全体、または一部を受けることがあります。

Fritz kommt immer spät nach Hause, **was** seiner Mutter nicht *gefällt*.

フリッツはいつも帰宅が遅くなりますが、そのことが彼の母には気に入りません。

単語集

A

ab	前（3格支配）〜から
Abend, -e	男 夕方、晩
Abendessen, -	中 夕食
abends	副 夕方に、晩に
aber	接（並列）しかし、だが
ab|fahren*	動（自、s）出発する
ab|heben*	動（他）（金を）引き出す
ab|holen	動（他）迎えに行く、取りに行く
Abitur, -e	中 高校卒業（大学入学資格）試験
ab|schicken	動（他）発送する
ab|waschen*	動（他）洗い落とす
Abwechselung, -en	女 気晴らし
acht	数 8、8番目の
achtzehn	数 18
aha	間 ははん、なるほど
ähnlich	形 似ている、似たような
aller	定冠詞類 すべての
als	接（従属）（過去のある時点で）〜したときに、（比較級と）〜より、（資格）〜として
alt	形 年老いた、古い
Altstadt, -städte	女 旧市街
am	an＋dem
Amerika	地名 アメリカ合衆国、アメリカ（大陸）
Amerikaner, -	男 アメリカ人
Amerikanerin, -nen	女 アメリカ人女性
Amt, Ämter	中 職、職務
Amtszeit, -en	女 在職期間
an	前（3・4格支配）〜のきわに・へ、（4格支配）〜に向けて、〜に宛てて
ander	形 もう一方の、別の
an|fangen*	動（自）始まる
angenehm	形 快い、心地よい
Angestellte(r)	男・女 会社員
Anglistik	女 英米語学・文学
Ankara	地名 アンカラ
an|kommen*	動（自、s）到着する
an|probieren	動（他）試着する
an|rufen*	動（他）（人4に）電話する

an|sehen*	動（他）見物する、見つめる
Ansehen	中 評判、評価、名声
Ansichtskarte, -n	女 絵はがき
Anwalt, Anwälte	男 弁護士
Anzug, Anzüge	男（男性用の）スーツ
Apfel, Äpfel	男 リンゴ
Apfelsaft, -säfte	男 リンゴジュース
Apotheke, -n	女 薬局
April, -e	男 4月
arbeiten	動（自）働く、勉強する
Arm, -e	男 腕
Artikel, -	男 記事
Arzt, Ärzte	男 医者
Ärztin, -nen	女 女医
Atmosphäre, -n	女 雰囲気
Atom, -e	中 原子
Atombombe, -n	女 原子爆弾
Atomkraft	女 原子力、原子エネルギー
Atomkraftwerk, -e	中 原子力発電所
auch	副 〜もまた
auf	前（3・4格支配）〜の上に・へ
aufgeschlossen	形 偏見のない、心の広い
auf|halten*	動（再）（sich4）滞在する
aufmerksam	形 注意深い
auf|nehmen*	動（他）受け入れる
auf|räumen	動（他）整理する、片付ける
auf|stehen*	動（自、s）起きる
Auge, -n	中 目
August, -e	男 8月
aus	前（3格支配）〜（の中）から
aus|fallen*	動（自、s）行わない、休講になる
Ausflug, Ausflüge	男 ハイキング、遠足
aus|gehen*	動（自、s）外出する
Aussage, -n	女 発言

aus|schlafen*	動（自）十分に睡眠をとる
Außenminister, -	男 外務大臣
äußern	動（他）述べる、言う
Ausstellung, -en	女 展覧（展示）会
aus|trinken	動（他）飲み干す
Auto, -s	中 自動車
Autofahrt, -en	女 ドライブ

B

backen*	動（他）（パン・ケーキなどを）焼く
Bäckerei, -en	女 パン屋
Backofen, -öfen	男 オーブン
baden	動（再）（sich4）入浴する
Bahnhof, Bahnhöfe	男 駅
bald	副 まもなく、じきに
Ball, Bälle	男 ボール
Bank, -en	女 銀行
Baseball	男 野球
Basketball, -bälle	男 バスケットボール
Bauch, Bäuche	男 腹
Beamter	男 公務員
Beamtin, -nen	女 女性公務員
beeilen	動（再）（sich4）急ぐ
beeindrucken	動（他）（人4を）感動させる
Beethoven	人名 ベートーベン（ルートヴィヒ・ヴァン・〜、1770-1827年。ドイツの作曲家）
Begegnung, -en	女 出会い
begeistert	形 感動した、感激した、熱狂した
beginnen*	動（他）始める、（自）始まる
bei	前（3格支配）〜のところに、〜で、〜の際に
beide	代 両者、二人とも
Bein, -e	中 脚
Beispiel, -e	中 例、zum Beispiel 例えば

bei|treten*	動 （自、s）（et³）（物³に）加わる
bekannt	形 有名な
bekommen*	動 （他）もらう、得る
beliebt	形 人気のある、評判の良い
bereit	形 準備（用意）のできた、進んでいる、喜んでいる
Berg, -e	男 山
Bericht, -e	男 報告、レポート
berichten	動 （他）報告する
Berlin	地名 ベルリン
Berliner	形 ベルリンの
Beruf, -e	男 職業
Berührung, -en	女 接触、関係、mit j³ / et³ in Berührung kommen （人³・物³）と接触する
beschädigen	動 （他）破損する、損傷する
besichtigen	動 （他）見学する、見物する
besonders	副 特に、とりわけ
besser	gut の比較級
Besserung, -en	女 回復
best	gut の最上級
bestehen*	動 （他）（物⁴に）合格する
bestellen	動 （他）注文する
Besuch, -e	男 訪問
besuchen	動 （他）訪問する、訪れる
betonen	動 （他）強調する
Bett, -en	中 ベッド
beurteilen	動 （他）評価する、判断する
bewegt	形 感動した
bewerten	動 （他）評価する
Bibliothek, -en	女 図書館
Bier	中 ビール
Bild, -er	中 絵、写真
billig	形 安い、廉価な
Biologie	女 生物学
bisschen	代 ein bisschen 少しの
bitte	副 どうぞ
Blatt, Blätter	中 葉
blau	形 青い
bleiben*	動 （自、s）とどまる
Bleistift, -e	男 鉛筆

Blume, -n	女 花
Bluse, -n	女 ブラウス
Blütezeit, -en	女 開花期、全盛期
Bonn	地名 ボン
Boot, -e	中 ボート
braten*	動 （他）焼く
Bratwurst, -würste	女 焼きソーセージ
brauchen	動 （他）必要とする
braun	形 茶色の
Brief, -e	男 手紙
Brille, -n	女 めがね
Brot, -e	中 パン
Bruder, Brüder	男 兄、弟
Brust, Brüste	女 胸
Buch, Bücher	中 本
Bügeleisen, -	中 アイロン
bummeln	動 （自、s）ぶらぶら歩く、散策する
Bundeskanzler, -	男 連邦首相
Bundeskanzlerin, -nen	女 女性連邦首相
Bundespräsident, -en	男 連邦大統領
Büro, -s	中 オフィス、事務所
Bus, -se	男 バス
Bushaltestelle, -n	女 バス停留所
BWL（Betriebswirtschaftslehre）	女 経営学

C		
Café, -s	中 カフェ、喫茶店
CD, -s	女 コンパクトディスク
Cent, -[s]	男 セント
Chemie	女 化学
China	地名 中国
Chinese, -n	男 中国人
Chinesin, -nen	女 中国人女性
Chinesisch	中 中国語
Christ, -en	男 キリスト教徒
Cola, -s	女・中 コーラ
Comic, -s	男 漫画、コミックス
Computer, -	男 コンピューター
Cousin, -s	男 従兄弟（＝Vetter, -n）
Cousine, -n	女 従姉妹（＝Kusine, -n）

D		
da	副 そこに、あそこに、そのときに、それなら
dabei	副 その際に、そのときに
dafür	副 そのために、それに賛成して
damalig	形 当時の
damit	副 それを用いて、それによって
danach	副 そのあとで
daneben	副 その隣に
danke	副 ありがとう
danken	動 （自）（j³ für et⁴）（人³に物⁴を）感謝する
dann	副 それから、そのあと、それなら
das	定冠詞 中性1・4格 関代・指代 中性1・4格
dass	接 （従属）〜ということ
dauern	動 （自） 続く、継続する
dazu	副 それに加えて
DDR	女 ドイツ民主共和国（旧東ドイツ）（Deutsche Demokratische Republik の略）
debattieren	動 （自）討議する
dein	不定冠詞類 きみの
dem	定冠詞 男性3格、中性3格 関代・指代 男性3格、中性3格
den	定冠詞 男性4格、複数3格 関代・指代 男性4格
denen	関代・指代 複数3格
denn	副 （疑問文と）いったい 接 （並列）なぜならば
der	定冠詞 男性1格、女性2・3格、複数2格 関代・指代 男性1格、女性3格
deren	関代・指代 女性2格、複数2格
des	定冠詞 男性2格、中性2格
deshalb	副 それゆえ
dessen	関代・指代 男性2格、中性2格
Deutsch	中 ドイツ語
Deutsche(r)	男・女 ドイツ人
Deutschland	地名 ドイツ
Deutschunterricht	男 ドイツ語の授業

Dezember, - 　男 12月

dich 　代 きみを（親称2人称単数4格）

die 　定冠詞 女性1・4格、複数1・4格
　関代・指代 女性1・4格、複数1・4格

Dienstag, -e 　男 火曜日

dieser 　定冠詞類 この

Diktat, -e 　中 口述、ディクテーション、書き取り

dir 　代 きみに（親称2人称単数3格）

Diskussion, -en 　女 討論、ディスカッション

diskutieren 　動（自）議論する

doch 　副 しかし、（命令文で）さあ、ともかく（否定疑問文に対する肯定の返事として）いいえ

Dom,-e 　男 大聖堂

Donnerstag, -e 　男 木曜日

dort 　副 あそこで、そこで

draußen 　副 戸外で、外で

drehen 　動（他）回転させて作る、撮影する

drei 　数 3

dreißig 　数 30

dreizehn 　数 13

Dresden 　地名 ドレスデン

dritt 　数 3番目の

du 　代 きみは（親称2人称単数1格）

durch 　前（4格支配）〜を通って、〜を用いて

Durchbruch, -brüche 　男 出現、突破

durch|lesen* 　動（他）通読する

dürfen* 　助 〜してもよい

Durst 　男 （のどの）渇き

duschen 　動（再）(sich⁴)シャワーを浴びる

Düsseldorf 　地名 デュッセルドルフ

E

E-Book, -s 　中 電子書籍

Ecke, -n 　女 角、街角

ehrenamtlich 　形 ボランティアの

Ei, -er 　中 卵

eigentlich 　副 本来は、実際は、ところで

ein 　不定冠詞 男性1格、中性1・4格

eine 　不定冠詞 女性1・4格

einem 　不定冠詞 男性3格、中性3格

einen 　不定冠詞 男性4格

einer 　不定冠詞 女性2・3格

eines 　不定冠詞 男性2格、中性2格

einfach 　形 簡単な

Einheit, -en 　女 統一

Einkauf, -käufe 　男 買い物、ショッピング

ein|kaufen 　動（自）買い物をする

ein|laden* 　動（他）招待する

einmal 　副 1度、1回、あとでいつか、そのうち

eins 　数 1

ein|schätzen 　動（他）評価する、判断する

Einwohner, - 　男 住民

Eis 　中 氷、アイスクリーム

Eistee 　男 アイスティー

elf 　数 11

Eltern 　複 両親

E-Mail, -s 　女 Eメール

Emanzipation, -en 　女 （女性などの被差別階級の）解放

emotional 　形 感情的な

empfehlen* 　動（他）推薦する

Ende, -n 　中 終わり

enden 　動（自）終わる

endlich 　副 やっと、ようやく、ついに

Energie, -n 　女 エネルギー

Energiebedarf 　男 エネルギー需要

engagieren 　動（再）(sich⁴)かかわり合う、責任をもって関与する、参加する

England 　地名 イギリス

Engländer, - 　男 イギリス人

Engländerin, -nen 　女 イギリス人女性

Englisch 　中 英語

Entschuldigung, -en 　女 許し

entspannen 　動（他）(人⁴・物⁴の）緊張を緩める

er 　代 彼は（男性1格）

Erdbeben, - 　中 地震

erinnern 　動（再）(sich⁴ an et⁴)(物⁴・事⁴を）思い出す、覚えている

erleben 　動（他）体験する、経験する

Ermittlung, -en 　女 捜査

ernennen* 　動（他）(j⁴ zu et³)(人⁴を物³に）任命する

ernst 　形 まじめな

erobern 　動（他）征服する

erst 　数 1番目の
　副 ようやく、やっと

erstaunlich 　形 驚くべき、すごい

erwärmen 　動（他）温める、熱する

erzielen 　動（他）シュートを決める

es 　代 それは（中性1格）

essen* 　動（他）食べる

Etui, -s 　中 （めがね・万年筆などの）ケース、筆箱

etwas 　代 何かあるもの、いくらか

euch 　代 きみたちに・を（親称2人称複数3・4格）

euer 　不定冠詞類 きみたちの

Euro, -[s] 　男 ユーロ

Europa 　地名 ヨーロッパ

evakuieren 　動（他）避難させる、疎開させる

Exkursion, -en 　女 集団研修旅行

Extremismus, Extremismen 　男 過激主義

F

Fähigkeit, -en 　女 能力

fahren* 　動（自、s)乗り物で行く

Fahrrad, -räder 　中 自転車

fallen* 　動（自、s)落ちる、倒れる

Familie, -n 　女 家族

Fan, -s 　男 ファン、ひいき

fantastisch 　形 すばらしい

fast 　副 ほとんど、ほぼ

faul 　形 怠惰な

Februar, -e 男 2月	früh 形 早い	くつろげる
feiern 動 (他)祝う	Frühling, -e 男 春	genau 副 まさしく、ほかならぬ
Feldzug, Feldzüge	Frühstück, -e 田 朝食	genießen* 動 (他)享受する、得て
男 進軍、出兵、野戦	frühstücken 動 (自)朝食を食べる	いる
Ferien 複 (学校などの)休暇	Führerschein, -e	gerade 副 ちょうど、たった今
fern|sehen* 動 (自)テレビを見る	男 運転免許証	Gerät, -e 田 器具、機器
Fernsehen 田 テレビ放送	Führung, -en 女 案内、ガイド	Germanistik 女 ドイツ語学・文学
Fernseher, - 男 テレビ受像機	fünf 数 5	gern(e) 副 好んで、喜んで
fertig 形 できあがった、	fünfzehn 数 15	Geschäft, -e 田 商店、店
完成した	fünfzig 数 50	Geschenk, -e 田 贈り物、プレゼント
fesselnd 形 興味をひく、	für 前 (4格支配)～のため	Geschichte, -n
魅力のある	に、～にとっては、～	女 歴史(学)、物語
Fest, -e 田 祭り、祝い	に賛成して	Geschirr, -e 田 食器
festlich 形 祝祭の、華やかな、	Fuß, Füße 男 足、 zu Fuß 徒歩で	Geschwister 複 兄弟姉妹
荘重な	Fußball, -bälle 男 サッカー、サッカー	gesellschaftlich
Fieber 田 熱、高熱	ボール	形 社会の、社会的な
Film, -e 男 映画	Fußballspieler, -	Gesicht, -er 田 顔
finden* 動 (他)見つける、	男 サッカー選手	Gespräch, -e 田 会話
～と思う	**G**	gestern 副 昨日
Firma, Firmen 女 会社	ganz 副 まったく、完全に	gesund 形 健康な
Fisch, -e 男 魚	Garten, Gärten	Getränk, -e 田 飲み物
Fleisch 田 肉	男 庭	gewinnen* 動 (他)勝つ、獲得する
fleißig 形 勤勉な	Gast, Gäste 男 客	Gitarre, -n 女 ギター
fliegen* 動 (自、s)飛ぶ、	Gebäude, - 田 建物	glänzen 動 (自)輝く、光る
飛行する	geben* 動 (他)与える、渡す、	glauben 動 (他)思う、信じる
Flüchtling, -e 男 難民	es gibt et⁴ /j⁴	gleich 副 すぐに、直ちに
Flug, Flüge 男 飛行、フライト	物⁴・人⁴が存在する	Glück, -e 田 幸福、幸運
Foto, -s 田 写真	gebraucht 形 中古の、使い古しの	Glühwein, -e 男 グリューワイン(赤ワ
Frage, -n 女 質問、問い	Geburtstag, -e	インに甘味と香辛料を
fragen 動 (他)(人⁴に)尋ねる、	男 誕生日	入れて温めたもの)
質問する	gefährlich 形 危険な	gotisch 形 ゴシック様式の
Frankreich 地名 フランス	gefallen* 動 (自)(人³の)気に入る	grau 形 灰色の
Franzose, -n 男 フランス人	gegen 前 (4格支配)～に対し	grausam 形 残忍な、残酷な
Französin, -nen	て、～に反対して、	groß 形 大きい、背が高い
女 フランス人女性	～時ごろに(時刻)	Großeltern 複 祖父母
Französisch 田 フランス語	gehen* 動 (自、s) 行く、可能	größer groß の比較級
Frau, -en 女 女性、妻、(女性の姓の	で あ る es geht j³ +	größt groß の最上級
前につける敬称)～さん	形容詞 人³の健康状態	Großmutter, -mütter
Freitag, -e 男 金曜日	は～である	女 祖母
freuen 動 (再)(sich⁴ auf et⁴)(物⁴・	gehören 動 (自)(人³の)ものである	Großvater, -väter
事⁴を)楽しみにする	Geige, -n 女 バイオリン	男 祖父
(sich⁴ über et⁴)(物⁴・	gelangen 動 (自、s)達する	grün 形 緑の
事⁴を)喜ぶ	gelb 形 黄色の	grüßen 動 (他)(人⁴に)挨拶する
Freund, -e 男 友人、友達	Geld, -er 田 金、金銭	gut 形 良い
Freundin, -nen	Gemälde, - 田 絵、絵画	Gymnastik 女 体操
女 女友達	gemischt 形 賛否入り混じった	**H**
freundlich 形 友好的な、親切な、	Gemüse, - 田 野菜	Haar, -e 田 髪
思いやりのある	Gemüseladen, -läden	haben* 動 (他)持っている
Frieden, - 男 平和	男 青果店	halb 形 半分の
frisch 形 新鮮な、ほやほやの	gemütlich 形 居心地の良い、	hallo 間 やあ、もしもし(電話で)

Hals, Hälse	男首、喉	Hotel, -s	中ホテル
Hand, Hände	女手	Hotelzimmer, -	
Handy, -s	中携帯電話		中ホテルの部屋
hängen*	動(他)掛ける、	hübsch	形かわいらしい、感じ
	(自)掛かっている		の良い、ハンサムな
hässlich	形醜い	Hund, -e	男犬
Hauptstadt, -städte		hundert	数100
	女首都	hunderttausend	
Haus, Häuser	中家		数100,000
Hausaufgabe, -n		Hunger	男空腹
	女(ふつう複数で)宿題	Husten, -	男咳
Hausschuh, -e		Hut, Hüte	男帽子
	男(ふつう複数で)		
	上履き、室内靴		
Heft, -e	中ノート	ich	代私は(1人称単数1格)
heiß	形暑い、熱い	Idee, -n	女アイディア、思いつき
heißen*	動(自)〜という名前で	ihm	代彼に(男性3格)、それ
	ある		に(中性3格)
hektisch	形慌ただしい、	ihn	代彼を(男性4格)
	せわしない	Ihnen	代あなた(たち)に(敬称
helfen*	動(自)(人³を)助ける、		2人称単数・複数3格)
	手伝う	ihr	代きみたちは(親称2人
Hemd, -en	中シャツ、ワイシャツ		称複数1格)、彼女に(女
Herbst, -e	男秋		性3格)
Herr, -en	男紳士、(男性の姓の前		不定冠詞類彼女の、彼ら
	につける敬称)〜さん、		の、それらの
	〜君	Ihr	不定冠詞類あなた(たち)
heute	副今日		の
hier	副ここに(で)	im	in + dem
hinein|gehen*	動(自,s)中へ入っていく	Imbiss, -e	男軽食店、軽食
hinten	副後ろに、奥に	immer	副いつも、常に、immer
hinter	前(3・4格支配)〜の後		noch 依然として
	ろに・へ	in	前(3・4格支配)〜の中
Hitler	人名ヒトラー(アドルフ・		に・へ
	〜、1889-1945年。ドイ	informativ	形情報を与える、
	ツの政治家、ナチ党首)		啓蒙的な
Hitze	女暑さ	Ingenieurin, -nen	
hm	間ふむ		女女性エンジニア、
hoch	形高い、丈が高い		技術者
Hochsaison, -s		innerhalb	前(2格支配)〜の内に
	女シーズンの最盛期		(で)
höchst	hoch の最上級	ins	in + das
hoffentlich	副〜だといいのだが、	intensiv	形集中的な
	望むらくは	interessant	形興味深い
Hoffnung, -en	女希望	interessieren	動(他)(人⁴の)興味を
höher	hoch の比較級		ひく
holen	動(他)行って取ってく		(再)(sich⁴ für et⁴)(物⁴·
	る		事⁴に)興味を持つ
hören	動(他)聞く	international	形国際的な
Hose, -n	女ズボン	Internet, -s	中インターネット

Interview, -s	中インタビュー
iPhone, -s	中アイフォーン
Istanbul	地名イスタンブール
Italien	地名イタリア
Italiener, -	男イタリア人
Italienerin, -nen	
	女イタリア人女性
Italienisch	中イタリア語

J

ja	副はい
Jacke, -n	女ジャケット、上着
Jahr, -e	中年、1年
Januar, -e	男1月
Japan	地名日本
Japaner, -	男日本人
Japanerin, -nen	
	女日本人女性
japanisch	形日本(人・語)の、
	日本風の
Japanisch	中日本語
Japanologie	女日本学
Jazz	男ジャズ
Jeans	複ジーンズ
jeder	定冠詞類おのおのの、
	どの〜も
jener	定冠詞類あの
jetzt	副今
jobben	動(自)アルバイトする
joggen	動(自)ジョギングする
Joghurt, -	男・中ヨーグルト
Journalistin, -nen	
	女女性ジャーナリスト、
	記者
jubeln	動(自)歓声をあげる、
	歓呼する
Juli, -s	男7月
jung	形若い
Junge, -n	男少年、男の子
Juni, -s	男6月
Jura	複法学

K

Kaffee	男コーヒー
Kaffeemaschine, -n	
	女コーヒーメーカー
kahl	形(壁などの)飾りのな
	い、殺風景な
Kaiser, -	男(日本の)天皇、皇帝
Kalender, -	男カレンダー

kalt	形 寒い、冷たい		香辛料を入れた菓子)
Kälte	女 寒さ、冷たさ	lecker	形 美味しい
Kamera, -s	女 カメラ	legen	動 (他)置く、横たえる
Kanzlerin, -nen		Lehrer, -	男 教師、先生
	女 女性首相	leicht	形 軽い、容易な
Karneval, -s	男 カーニヴァル、謝肉祭	leider	副 残念ながら
Karriere, -n	女 (早い)出世	Lektion, -en	女 (テキストの)課
Karte, -n	女 カード、はがき、	lernen	動 (他)学ぶ
	チケット	lesen*	動 (他)読む
Kartoffel, -n	女 ジャガイモ	letzt	形 最近の、最後の
Kartoffelsalat, -e		Leute	複 人々
	男 ポテトサラダ	lieben	動 (他)愛する
Käse, -	男 チーズ	lieber	gern の比較級
Katze, -n	女 猫	liebst	gern の最上級
kaufen	動 (他)買う	liegen*	動 (自)横たわっている、
Kaufhaus, -häuser			ある
	男 デパート	loben	動 (他)ほめる
kein	不定冠詞類 ～ない	locker	形 気楽な、リラックス
Keks, -[e]	男・中 ビスケット		した、寛大な、
kennen*	動 (他)知っている	London	地名 ロンドン
kennen|lernen	動 (他)(人⁴と)知り合い	los|gehen*	動 (自、s)出発する、
	になる		出かける
Kilo, -s	中 キロ(グラム)	Luftangriff, -e	男 空襲
Kind, -er	中 子供	Lust, Lüste	女 気持ち、意欲
Kino, -s	中 映画館		
Kirche, -n	女 教会	**M**	
Klasse, -n	女 クラス	machen	動 (他)作る、する
Klassenzimmer, -		Mädchen, -	中 少女、女の子
	中 教室	Madrid	地名 マドリード
Klavier, -e	中 ピアノ	Mai, -e	男 5月
Kleid, -er	中 ドレス、ワンピース	Magenschmerz, -en	
klein	形 小さい、小柄な		男 (ふつう複数で)胃痛
Kneipe, -n	女 飲み屋	mal	副 ちょっと、まあ
Koch, Köche	男 コック、料理人	man	代 ひとは
kochen	動 (他・自)料理する	Managerin, -nen	
Koffer, -	男 トランク、スーツケ		女 女性経営者
	ース	Mann, Männer	
Kollege, -n	男 同僚、仕事仲間		男 男性、夫
Köln	地名 ケルン	Mantel, Mäntel	
Komödie, -n	女 喜劇		男 コート、オーバー
kommen*	動 (自、s)来る	Mappe, -n	女 書類入れ、ファイル
Kommissar, -e		März, -e	男 3月
	男 警部	Mathematik	女 数学
Konferenz, -en		Medium, -en	中 メディア、マスメ
	女 会議		ディア
konfrontieren		Medizin	女 医学
	動 (他)(j⁴ mit et³)(人⁴を	Meer, -e	中 海
	物³に)直面させる	mehr	viel の比較級
können*	助 ～できる	mein	不定冠詞類 私の
Konzert, -e	中 コンサート	meinen	動 (他)(指して)言う、

Konzerthaus, -häuser		
	中 コンサートハウス	
Kopf, Köpfe	男 頭	
Kopfschmerz, -en		
	男 (ふつう複数で)頭痛	
korrigieren	動 (他)訂正する	
kosten	動 (他)(値段が)～で	
	ある	
Kostüm, -e	中 (女性用の)スーツ	
krank	形 病気の	
Krankenhaus, -häuser		
	中 病院	
Krankheit, -en	女 病気	
Krawatte, -n	女 ネクタイ	
Krieg, -e	男 戦争	
Krimi, - [s]	男 推理(探偵)小説、	
	探偵映画	
Krise, -n	女 危機、難局	
kritisch	形 批判的な	
Kuchen, -	男 ケーキ	
kühl	形 涼しい、冷たい	
Kühle	女 涼しさ	
Kühlschrank, -schränke		
	男 冷蔵庫	
Kuli, -s	男 ボールペン	
Kultur, -en	女 文化	
kulturell	形 文化的な、文化に関	
	する	
Kunst, Künste		
	女 芸術、美術	
Kurs, -e	男 コース、講習	
kurz	形 短い	
Küste, -n	女 海岸	

Labyrinth, -e	中 迷宮、迷路	
lachen	動 (自)笑う	
Lachs, -e	男 鮭	
Land, Länder	中 国	
lang	形 長い	
lange	副 長く	
langsam	形 遅い、ゆっくりな	
langweilig	形 退屈な	
laut	形 騒々しい、音(声)の	
	大きい	
Leben, -	中 生命、人生	
Lebensmittel, -		
	中 食料品	
Lebkuchen, -	男 レープクーヘン(ハチ	
	ミツとショウガなどの	

意味している

Meinung, -en 囡 意見、見解

meist viel の最上級

meistens 副 たいてい、ふつうは

Mensa, -s 囡 学生食堂

Mensch, -en 围 人間、人

Menschenrecht, -e

　　　　田 (ふつう複数で)人権

merken 動 (再)(sich³)覚えてお

　　　　く、記憶する

Messer, - 田 ナイフ

mich 代 私を(1人称単数4格)

Mikrowelle, -n囡 電子レンジ

Milch 囡 牛乳、ミルク

Million, -en 囡 100万

Mineralwasser

　　　　田 ミネラルウォーター

Minute, -n 囡 (時間の)分

mir 代 私に(1人称単数3格)

mit 前 (3格支配)～と一緒

　　　　に、～を使って

mit|kommen* 動 (自、s)一緒に来る

　　　　(行く)

Mittag, -e 围 正午、昼

mittags 副 昼に

Mittelfeld, -er 田 (サッカーなどの)

　　　　ミッドフィールド

Mittwoch, -e 围 水曜日

möchte mögenの接続法第2式

　　　　～したい、(本動詞とし

　　　　て)～をほしい

mögen* 助 ～かもしれない、

　　　　(本動詞として)～を好む

Monat, -e 围 (暦の)月

Montag, -e 围 月曜日

Mord, -e 围 殺人、殺害

morgen 副 明日

Morgen, - 围 朝

morgens 副 朝に

müde 形 疲れた

München 地名 ミュンヘン

Mund, Münder

　　　　围 口

Museum, Museen

　　　　田 博物館、美術館

Musik, -en 囡 音楽

Müsli, - 田 ミュースリ

müssen* 助 ～ねばならない

Mutter, Mütter囡 母

Mütze,-n 囡 (つばのない)帽子

N

nach 前 (3格支配)～へ、～の

　　　　あとで

nachdem 接 (従属)～したあとで

Nachmittag, -e

　　　　围 午後

nachmittags 副 午後に

Nachricht, -en囡 ニュース、知らせ

nächst 形 すぐあとに続く、次の

Nacht, Nächte

　　　　囡 夜

nachts 副 夜に

Name, -n 围 名前

nämlich 副 すなわち、つまり

Nase, -n 囡 鼻

natürlich 副 もちろん

Navigation 囡 ナビゲーション

Nebel, - 围 霧

neben 前 (3・4格支配)～の横

　　　　に・へ

neblig 形 霧のかかった

negativ 形 否定的な

nehmen* 動 (他)取る、買う

nein 副 いいえ

nennen* 動 (他)呼ぶ、名づける

nett 形 親切な、優しい

neu 形 新しい

Neujahr, -e 围 元旦

neun 数 9

neunzehn 数 19

neunzig 数 90

neutral 形 中立の

New York 地名 ニューヨーク

nicht 副 ～でない

nichts 代 何も～でない

nie 副 一度も～ない、

　　　　決して～ない

noch 副 まだ、いまだに、

　　　　さらに、noch＋否定詞

　　　　まだ～でない

Not, Nöte 囡 困窮、窮乏

November, - 围 11月

Nudel, -n 囡 (複数で)麺類

null 数 0

O

ob 接 (従属)～かどうか

Obst 田 (集合的に)果物

obwohl 接 (従属)～にもかかわ

　　　　らず

oder 接 (並列)あるいは

offen 形 率直な

öffnen 動 (他)開く、開ける

oft 副 しばしば

oh 間 おお、ああ

ohne 前 (4格支配)～なしで

Ohr, -en 田 耳

okay 形 よろしい、大丈夫だ

Oktober, - 围 10月

Onkel, - 围 伯父・叔父

Oper, -n 囡 オペラ、オペラハウス

Opfer, - 田 犠牲者

orange 形 オレンジ色の

Orangensaft, -säfte

　　　　围 オレンジジュース

Organisation, -en

　　　　囡 団体、組織

Ostasien 地名 東アジア

Ostern, - 田 復活祭、イースター

Österreich 地名 オーストリア

Österreicher, -

　　　　围 オーストリア人

Österreicherin, -nen

　　　　囡 オーストリア人女性

P

packen 動 (他)荷造りする

Pädagogik 囡 教育学

Paket, -e 田 郵便小包

Pandemie, -n

　　　　囡 大流行病

Paris 地名 パリ

Park, -s 围 公園

Parkplatz, -plätze

　　　　围 駐車場

Party, -s 囡 パーティー

Pause, -n 囡 休憩、中休み

Peking 地名 北京

perfekt 形 完全な、完璧な

Pfanne, -n 囡 フライパン

Pfingsten, - 田 聖霊降臨祭

Philosophie,-n囡 哲学

Physik 囡 物理学

Picasso 人名 ピカソ(パブロ・～、

　　　　1881-1973年。スペイ

　　　　ンの画家)

Pilot, -en 围 パイロット

Pizza, -s 囡 ピザパイ

Platz, Plätze 围 広場、場所

Politik, -en 囡 政治、政策

Politiker, - 男 政治家

Politikerin, -nen
女 女性政治家

politisch 形 政治の、政治的な

Polizei, -en 女 警察、警察署

Polizist, -en 男 警察官

Pommes frites
複 フライドポテト、
ポンフリ

Popmusik 女 ポップス

positiv 形 肯定的な

Post, -en 女 郵便局

Poster, - 中・男 ポスター

prächtig 形 華麗な

prägen 動 (他)特徴づける、性
格を形成する

praktisch 形 実用的な、便利な

Präsident, -en 男 大統領

Premierminister, -
男 総理大臣、首相

Pressekonferenz, -en
女 記者会見

prima 形 すばらしい、すてきな

pro 前 (4格支配)〜ごとに、
〜につき

probieren 動 (他)試食(試飲)する

Problem, -e 中 問題

produzieren 動 (他)制作する

Professor, -en
男 教授

Professorin, -nen
女 女性教授

Protagonist, -en
男 主人公、主役

Prüfung, -en 女 試験

Psychologie 女 心理学

Pudding, -e 男 プリン

Pullover, - 男 セーター

pünktlich 形 時間どおりの

putzen 動 (他)磨く、きれいに
する

R

Rad, Räder 中 自転車

Radio, -s 中 ラジオ受信機

Rathaus, -häuser
中 市庁舎、市役所

rauchen 動 (自)タバコを吸う

recht 形 正しい. recht (Recht)
haben (している・言っ
ていることが)正しい

rechts 副 右に

Referat, -e 中 レポート

Regal, -e 中 棚、書棚

Regen, - 男 雨

Regisseur, -e 男 映画監督

regnen 動 (非人称)雨が降る
(降っている)

reich 形 裕福な、金持ちの

Reis 男 米

Reise, -n 女 旅、旅行

Reiseführer, - 男 ガイドブック

reisen 動 (自、s)旅行する

reparieren 動 (他)修理する

reservieren 動 (他)予約する

Residenz, -en 女 宮殿、居城

Restaurant, -s
中 レストラン

Rhein 男 ライン川

richtig 形 正しい、本格的な、
まともな

riesig 形 巨大な

Rindfleisch 中 牛肉

Ring, -e 男 指輪、輪

Rock¹, Röcke 男 スカート

Rock², -[s] 男 ロックミュージック

Rom 地名 ローマ

Roman, -e 男 長編小説

rosa 形 ピンクの

rot 形 赤い

Rotwein 男 赤ワイン

Rücken, - 男 背中

ruhig 形 静かな、落ち着いた

Rundfunk 男 ラジオ放送

Russland 地名 ロシア

S

Saft, Säfte 男 ジュース

sagen 動 (他)言う、述べる

Sake 男 日本酒

Salat, -e 男 サラダ、サラダ菜、
レタス

Samstag, -e 男 土曜日

Sandwich, -[e]s
男・中 サンドイッチ

Sängerin, -nen
女 女性歌手

S-Bahn, -en 女 (都市の)近郊鉄道

schade 形 残念な

Schal, -s 男 ショール、マフラー

schätzen 動 (他)評価する、高く
評価する

schauen 動 (他)見る、眺める

Schauspieler, -
男 俳優、役者

Schauspielerin, -nen
女 女優

scheinen* 動 (自)輝く、照る

schenken 動 (他)贈る、プレゼン
トする

Schere, -n 女 はさみ

schick 形 粋な、しゃれた

schicken 動 (他)送る

schießen* 動 (他)撃つ、シュート
する

Schinken, - 男 ハム

schlafen* 動 (自)眠っている

schlecht 形 悪い

schließen* 動 (他)閉じる、閉める

Schloss, Schlösser
中 宮殿、王宮

schmecken 動 (自)味がする、(人³に
とって)おいしい

Schnee 男 雪

schneiden* 動 (他)切る

schneien 動 (非人称)雪が降る
(降っている)

schnell 形 速い

Schnitzel, - 中 (薄切りの)カツレツ

schon 副 もう、すでに

schön 形 美しい、きれいな

Schrank, Schränke
男 戸棚

schreiben* 動 (他)書く

Schublade, -n 女 引き出し

Schuh, -e 男 (しばしば複数で)靴

Schule, -n 女 学校

Schüler, - 男 生徒

Schulter, -n 女 肩

schütteln 動 (他)振る

schwach 形 弱い

schwarz 形 黒い

Schweigen 中 沈黙

Schweinebraten, -
男 豚の焼き肉、ロース
トポーク

Schweinefleisch
中 豚肉

Schweiz 地名 女 スイス

Schweizer, - 男 スイス人

Schweizerin, -nen		
	女 スイス人女性	
schwer	形 重い、難しい	
Schwester, -n		
	女 姉、妹	
schwimmen*	動 (自、h、s)泳ぐ	
sechs	数 6	
sechzehn	数 16	
sechzig	数 60	
See, -n	男 湖	
sehen*	動 (他)見る	
sehr	副 非常に、とても	
sein*	動 (自、s)～である、	
	～にいる	
	不定冠詞類 彼の、それの	
seit	前 (3格支配)～以来	
seitdem	副 それ以来	
selber	代 自分自身	
selbst	副 自分で、みずから	
Selbstbeherrschung		
	女 自制(心)	
selten	副 めったに～ない	
Seminar, -e	中 ゼミナール、演習	
Seminararbeit, -en		
	女 演習レポート、	
	ゼミ論文	
senden*	動 (他)放送する、放映	
	する	
September, -	男 9月	
Serie, -n	女 連続ドラマ	
sich	代 再帰代名詞 自分(自	
	身)に(を)	
sie	代 彼女は・を(女性1・	
	4格)	
	彼らは・を(3人称複数	
	1・4格)	
Sie	代 あなた(たち)は・を	
	(敬称2人称単数・複数	
	1・4格)	
sieben	数 7	
siebt	数 7番目の	
siebzehn	数 17	
siebzig	数 70	
Silvester, -	男・中 大晦日	
singen*	動 (他・自)歌う	
Situation, -en	女 状況、事態、状態	
sitzen*	動 (自)座っている	
Ski, -	男 スキー	
Snowboard, -s		
	中 スノーボード	

so	副 そのように、こんな	
	に、とても	
Socke, -n	女 (ふつう複数で)	
	ソックス、靴下	
sofort	副 すぐに、ただちに	
sogar	副 それどころか～さえ	
	も、～すら	
Sohn, Söhne	男 息子	
solcher	定冠詞類 そのような	
sollen*	助 ～すべきだ	
Sommer, -	男 夏	
Sommerferien		
	複 夏休み	
sondern	接 (並列)(nicht...、	
	sondern...の形で)～で	
	はなくて～	
Sonne, -n	女 太陽	
sonnig	形 よく晴れた、	
	日の照った	
Sonntag, -e	男 日曜日	
sonntags	副 日曜日に	
Soziologie, -n	女 社会学	
Spaghetti	複 スパゲッティ	
Spanien	地名 スペイン	
Spanier, -	男 スペイン人	
Spanierin, -nen		
	女 スペイン人女性	
Spanisch	中 スペイン語	
spannend	形 はらはらさせる、	
	息詰まるような	
Spaß, Späße	男 楽しみ、冗談	
spät	形 (時刻・時期が)遅い	
später	副 のちに、あとで	
spazieren	動 (自、s)散歩する、～	
	gehen 散歩する	
Spiel, -e	中 試合、ゲーム	
spielen	動 (他)(スポーツを)す	
	る、(楽器を)演奏する	
	(自)(劇や小説などで出	
	来事が)起こる、進行する	
Spieler, -	男 選手、プレーヤー	
Sport, -e	男 スポーツ	
Sportveranstaltung, -en		
	女 スポーツ大会、スポ	
	ーツイベント	
Sprache, -n	女 言語	
Sprachkurs, -e		
	男 語学講習、語学コース	
sprechen*	動 (他、自)話す	
spülen	動 (他)洗う、すすぐ	

Spülmaschine, -n		
	女 自動食器洗い機	
Stadion, Stadien		
	中 競技場、スタジアム	
Stadt, Städte	女 都市	
Stadtplan, -pläne		
	男 市街地図	
stark	形 強い	
statt	前 (2格支配)～の代わり	
	に	
statt|finden*	動 (自)開催される	
Staubsauger, -		
	男 電気掃除機	
stehen*	動 (自)立っている、書	
	かれている、載っている	
stellen	動 (他)置く	
Stenotypistin, -nen		
	女 女性速記タイピスト	
stimmen	動 (自)合っている、	
	正しい	
Stimmung, -en		
	女 雰囲気、ムード	
Stipendium, Stipendien		
	中 奨学金	
stolz	形 誇らしげな (auf j⁴/	
	et⁴)(人⁴・物⁴のことを)	
	誇りに思っている	
Straße, -n	女 道路、通り	
Straßenbahn, -en		
	女 市街電車、路面電車	
Stück, -e	中 戯曲	
Student, -en	男 大学生	
Studentin, -nen		
	女 女子学生	
studieren	動 (他・自)大学で勉強	
	する、(大学で)専攻す	
	る	
Studium, Studien		
	中 大学での勉強	
Stuhl, Stühle	男 椅子	
Stürmer, -	男 (サッカーなどの)	
	フォワード	
suchen	動 (他)探す	
super	形 すごい、すばらしい	
Supermarkt, -märkte		
	男 スーパーマーケット	
Suppe, -n	女 スープ	
surfen	動 (自、h、s)サーフィ	
	ンをする	
Symbol, -e	中 象徴、シンボル	

T

Tablette, -n	囡	錠剤
Tafel, -n	囡	黒板、掲示板
Tag, -e	男	昼間、日
täglich	形	毎日の
Tante, -n	囡	伯母・叔母
Tanz, Tänze	男	ダンス、舞踊
tanzen	動	(他・自)踊る
Tasche, -n	囡	かばん、バッグ
Tasse, -n	囡	カップ
Täter, -	男	犯人、行為者
Tee	男	茶
teilen	動	(他)分ける、分割する
teil|nehmen	動	(自)(an et³)(物³に)参加する
telefonieren	動	(自)電話する
Tennis	田	テニス
teuer	形	(値段が)高い、高価な
Theater, -	田	劇場、劇
Tisch, -e	男	机、テーブル
Tochter , Töchter	囡	娘
toll	形	すてきな、すごい
Tomate, -n	囡	トマト
Topf, Töpfe	男	深鍋
Tor, -e	田	(サッカーなどの)ゴール
töten	動	(他)殺す
Tourist, -en	男	観光客、ツーリスト
trainieren	動	(他・自)トレーニングする、練習する
treffen*	動	(他)(人⁴と)(あらかじめ約束して)会う
Treffer, -	男	ゴール
trinken*	動	(他)飲む
trotz	前	(2格支配)~にもかかわらず
tschüs	間	バイバイ
T-Shirt, -s	田	Tシャツ
Tulpe, -n	囡	チューリップ
tun*	動	(他)する、行う
Tür, -en	囡	ドア、戸
Türke, -n	男	トルコ人
typisch	形	典型的な

U

U-Bahn, -en	囡	地下鉄
über	前	(3・4格支配)~の上方に・へ
		(4格支配) ~に関して
überall	副	至る所で
übermorgen	副	明後日
übersetzen	動	(他)翻訳する
Übersetzung, -en	囡	翻訳、翻訳書
übertragen	動	(他)中継する
Übertragung, -en	囡	中継
übrigens	副	ところで
Uhr, -en	囡	時計、時
um	前	(4格支配)~のまわりに、~時に(時刻)
um|bringen*	動	(他)殺す、殺害する
Umwelt, -en	囡	環境
um|ziehen*	動	(自、s)引っ越す
Umzug, -züge	男	引っ越し、行列、パレード
und	接	(並列)~と、そして
Unfall, Unfälle	男	事故
Universität, -en	囡	大学
Unruhe, -n	囡	不安、騒ぎ
uns	代	私たちに・を(1人称複数3・4格)
unser	不定冠詞類	私たちの
unter	前	(3・4格支配)~の下に・へ
Untergang, Untergänge	男	没落
unterhalten	動	(再)(sich⁴ mit j³ über et⁴)(人³と物⁴・事⁴について)歓談する
Unterricht, -e	男	授業
Urlaub, -e	男	(勤める人の)休暇
USA	地名 複	アメリカ合衆国

V

Vase, -n	囡	花瓶
Vater, Väter	男	父
verfilmen	動	(他)映画化する
Verkäufer, -	男	店員
Verkäuferin,-nen	囡	女性店員
verlängern	動	(他)延長する
verletzen	動	(他)負傷させる
vermissen	動	(他)いなくて寂しいと思う
vernichten	動	(他)壊滅させる
veröffentlichen	動	(他)出版する
verspäten	動	(再)(sich⁴)遅れる、遅刻する
verstehen*	動	(他)理解する
verzweifelt	形	絶望した、絶望的な
viel	形	多くの、たくさんの
vielleicht	副	ひょっとしたら、もしかしたら
vier	数	4
Viertel, -	田	4分の1、15分
vierzehn	数	14
vierzig	数	40
Villa, Villen	囡	邸宅、屋敷
violett	形	紫色の
voll	形	いっぱいの、満員の
völlig	形	完全な
vom		von+dem
von	前	(3格支配)~から、~の、~について、~によって、~のうちの
vor	前	(3・4格支配)~の前に・へ
vorgestern	副	一昨日
vor|haben*	動	(他)予定する、計画する
vorher	副	以前に、先に、あらかじめ
Vorlesung, -en	囡	講義
vorletzt	形	終わりから2番目の、前の前の
Vormittag, -e	男	午前
vormittags	副	午前中に
vor|stellen	動	(他)紹介する (再)(sich³ et⁴ / j⁴)(物⁴・人⁴を)想像する、思い描く
Vortrag, Vorträge	男	講演
VWL(Volkswirtschaftslehre)	囡	経済学

W

wachsen*	動	(自、s)成長する
wählen	動	(他)選ぶ、選出する
während	前	(2格支配)~の間に
Wand, Wände	囡	壁
wandern	動	(自、s)ハイキングする、徒歩旅行する

wann	疑 いつ	
warm	形 暖かい	
Wärme	女 暖かさ	
warten	動 (自)(auf j⁴/ et⁴)(人⁴· 物⁴を)待つ	
warum	疑 なぜ	
was	疑 何が、何を	
Wäsche, -n	洗濯物	
Waschmaschine, -n		
	女 自動洗濯機	
wegen	前 (2格支配)〜のために	
Weihnachten, -		
	中 クリスマス	
Weihnachtsmarkt, -märkte		
	男 クリスマスマーケット	
weil	接 (従属)〜なので	
Wein	男 ワイン	
weinen	動 (自)泣く	
Weinflasche, -n		
	女 ワインの瓶	
weiß	形 白い	
Weißwein	男 白ワイン	
weiter	副 これから先、さらに、ひき続いて	
weiter|gehen*	動 (自、s)先へ進んでいく、進行する	
welcher	定冠詞類 どの、どちらの	
Welt, -en	女 世界	
Weltkrieg, -e	男 世界大戦	
wem	疑 誰に	
wen	疑 誰を	
wenig	副 ほとんど〜でない、ほんの少しの	
wenn	接 (従属)〜するとき、もしも〜ならば	
wer	疑 誰が	
werden*	動 (自、s)〜になる 助 (未来)〜だろう	
Werk, -e	中 作品、仕事	
wessen	疑 誰の	
Wetter, -	中 天気、天候	
wichtig	形 重要な	
wie	疑 どのように 副 〜のように	
wieder	副 再び、またもや	
Wiedersehen, -		
	中 再会	
Wien	地名 ウィーン	
Wiener	形 ウィーンの	
wievielt	形 何番目の	

Wind, -e	男 風	
windig	形 風の強い	
winken	動 (自)合図する	
Winter, -	男 冬	
wir	代 私たちは(1人称複数1格)	
wirklich	副 本当に、実際	
wirtschaftlich	形 経済上の、経済的な	
wissen*	動 (他)知っている	
wo	疑 どこで	
Woche, -n	女 週	
Wochenende, -n		
	中 週末	
wofür	疑 何のために	
woher	疑 どこから	
wohin	疑 どこへ	
wohl	副 たぶん、おそらく	
wohnen	動 (自)住む	
Wohnung, -en		
	女 住まい、住居	
Wolke, -n	女 雲	
wolkig	形 曇った	
wollen*	助 〜するつもりだ	
Wörterbuch, -bücher		
	中 辞書	
worüber	疑 何について	
wünschen	動 望む、願う	
Wurst, Würste		
	女 ソーセージ	

Z

Zahn, Zähne	男 歯	
zehn	数 10	
zehntausend	数 10,000	
zeigen	動 (他)見せる、案内する、教える	
Zeit, -en	女 時、時間、時期	
Zeitschrift, -en		
	女 雑誌	
Zeitung, -en	女 新聞	
zerstören	動 (他)破壊する	
ziemlich	副 かなり、だいぶ	
Zimmer, -	中 部屋	
zu	前 (3格支配)〜へ、〜に、〜対〜で 副 あまりに〜すぎる	
zuerst	副 まず第一に、いちばん初めに	
Zufall, Zufälle	男 偶然	
zufrieden	形 満足している mit	

	et³ / j³ zufrieden sein (物³·人³に)満足している	
zu|hören	動 (自)(人³の話・物³を関心を持って)聴く、耳を傾ける	
zuletzt	副 最後に、いちばんあとに	
zum	zu+dem	
zur	zu+der	
zurück|bringen*		
	動 (他)返却する	
zusammen	副 一緒に	
zuvor	副 以前に、かつて	
zwanzig	数 20	
zwar	副 (後文のaberなどと呼応する)たしかに〜だが(しかし)〜	
zwei	数 2	
zweimal	副 2度、2回	
zwischen	前 (3・4格支配)〜の間に・へ	
zwölf	数 12	

主要不規則動詞変化表

不定詞	直接法現在	過去基本形	接続法第2式	過去分詞
backen (パンなどを)焼く	*du* bäckst (backst) *er* bäckt (backt)	**backte**	backte	**gebacken**
befehlen 命令する	*du* befiehlst *er* befiehlt	**befahl**	beföhle (befähle)	**befohlen**
beginnen 始める，始まる		**begann**	begänne (begönne)	**begonnen**
bieten 提供する		**bot**	böte	**geboten**
binden 結ぶ		**band**	bände	**gebunden**
bitten たのむ		**bat**	bäte	**gebeten**
bleiben とどまる		**blieb**	bliebe	**geblieben**
braten (肉などを)焼く	*du* brätst *er* brät	**briet**	briete	**gebraten**
brechen 破る，折る	*du* brichst *er* bricht	**brach**	bräche	**gebrochen**
brennen 燃える		**brannte**	brennte	**gebrannt**
bringen 持って来る		**brachte**	brächte	**gebracht**
denken 考える		**dachte**	dächte	**gedacht**
dürfen …してもよい	*ich* darf *du* darfst *er* darf	**durfte**	dürfte	**gedurft** **dürfen**
empfehlen 推薦する	*du* empfiehlst *er* empfiehlt	**empfahl**	empfähle (empföhle)	**empfohlen**
erschrecken 驚く	*du* erschrickst *er* erschrickt	**erschrak**	erschräke	**erschrocken**
essen 食べる	*du* isst *er* isst	**aß**	äße	**gegessen**
fahren (乗物で)行く	*du* fährst *er* fährt	**fuhr**	führe	**gefahren**
fallen 落ちる	*du* fällst *er* fällt	**fiel**	fiele	**gefallen**
fangen 捕える	*du* fängst *er* fängt	**fing**	finge	**gefangen**
finden 見つける		**fand**	fände	**gefunden**
fliegen 飛ぶ		**flog**	flöge	**geflogen**

不定詞	直接法現在	過去基本形	接続法第2式	過去分詞
fliehen 逃げる		**floh**	flöhe	**geflohen**
fließen 流れる		**floss**	flösse	**geflossen**
frieren 凍る		**fror**	fröre	**gefroren**
geben 与える	*du* gibst *er* gibt	**gab**	gäbe	**gegeben**
gehen 行く		**ging**	ginge	**gegangen**
gelingen 成功する		**gelang**	gelänge	**gelungen**
gelten 値する，有効である	*du* giltst *er* gilt	**galt**	gälte (gölte)	**gegolten**
genießen 享受する，楽しむ		**genoss**	genösse	**genossen**
geschehen 起こる	*es* geschieht	**geschah**	geschähe	**geschehen**
gewinnen 獲得する，勝つ		**gewann**	gewänne (gewönne)	**gewonnen**
graben 掘る	*du* gräbst *er* gräbt	**grub**	grübe	**gegraben**
greifen つかむ		**griff**	griffe	**gegriffen**
haben 持っている	*du* hast *er* hat	**hatte**	hätte	**gehabt**
halten 持って(つかんで)いる	*du* hältst *er* hält	**hielt**	hielte	**gehalten**
hängen 掛かっている		**hing**	hinge	**gehangen**
heben 持ちあげる		**hob**	höbe	**gehoben**
heißen …と呼ばれる		**hieß**	hieße	**geheißen**
helfen 助ける	*du* hilfst *er* hilft	**half**	hülfe (hälfe)	**geholfen**
kennen 知っている		**kannte**	kennte	**gekannt**
kommen 来る		**kam**	käme	**gekommen**
können …できる	*ich* kann *du* kannst *er* kann	**konnte**	könnte	**gekonnt** **können**
laden (荷を)積む	*du* lädst *er* lädt	**lud**	lüde	**geladen**
lassen …させる	*du* lässt *er* lässt	**ließ**	ließe	**gelassen**

不定詞	直接法現在	過去基本形	接続法第2式	過去分詞
laufen 走る	*du* läufst *er* läuft	**lief**	liefe	**gelaufen**
leiden 悩む，苦しむ		**litt**	litte	**gelitten**
leihen 貸す，借りる		**lieh**	liehe	**geliehen**
lesen 読む	*du* liest *er* liest	**las**	läse	**gelesen**
liegen 横たわっている		**lag**	läge	**gelegen**
lügen うそをつく		**log**	löge	**gelogen**
messen 測る	*du* misst *er* misst	**maß**	mäße	**gemessen**
mögen …かもしれない	*ich* mag *du* magst *er* mag	**mochte**	möchte	**gemocht** **mögen**
müssen …ねばならない	*ich* muss *du* musst *er* muss	**musste**	müsste	**gemusst** **müssen**
nehmen 取る	*du* nimmst *er* nimmt	**nahm**	nähme	**genommen**
nennen …と呼ぶ		**nannte**	nennte	**genannt**
raten 助言する	*du* rätst *er* rät	**riet**	riete	**geraten**
reißen 引きちぎる		**riss**	risse	**gerissen**
reiten 馬に乗る		**ritt**	ritte	**geritten**
rennen 走る		**rannte**	rennte	**gerannt**
rufen 叫ぶ，呼ぶ		**rief**	riefe	**gerufen**
schaffen 創造する		**schuf**	schüfe	**geschaffen**
scheinen 輝く，思われる		**schien**	schiene	**geschienen**
schieben 押す		**schob**	schöbe	**geschoben**
schießen 撃つ		**schoss**	schösse	**geschossen**
schlafen 眠っている	*du* schläfst *er* schläft	**schlief**	schliefe	**geschlafen**
schlagen 打つ	*du* schlägst *er* schlägt	**schlug**	schlüge	**geschlagen**
schließen 閉じる		**schloss**	schlösse	**geschlossen**

不定詞	直接法現在	過去基本形	接続法第2式	過去分詞
schmelzen 溶ける	*du* schmilzt *er* schmilzt	**schmolz**	schmölze	**geschmolzen**
schneiden 切る		**schnitt**	schnitte	**geschnitten**
schreiben 書く		**schrieb**	schriebe	**geschrieben**
schreien 叫ぶ		**schrie**	schriee	**geschrien**
schweigen 沈黙する		**schwieg**	schwiege	**geschwiegen**
schwimmen 泳ぐ		**schwamm**	schwömme (schwämme)	**geschwommen**
schwinden 消える		**schwand**	schwände	**geschwunden**
sehen 見る	*du* siehst *er* sieht	**sah**	sähe	**gesehen**
sein 在る	*ich* bin *wir* sind *du* bist ihr seid *er* ist sie sind	**war**	wäre	**gewesen**
senden 送る		**sendete** (**sandte**)	sendete	**gesendet** (**gesandt**)
singen 歌う		**sang**	sänge	**gesungen**
sinken 沈む		**sank**	sänke	**gesunken**
sitzen 座っている		**saß**	säße	**gesessen**
sollen …すべきである	*ich* soll *du* sollst *er* soll	**sollte**	sollte	**gesollt** **sollen**
spalten 割る		**spaltete**	spaltete	**gespalten**
sprechen 話す	*du* sprichst *er* spricht	**sprach**	spräche	**gesprochen**
springen 跳ぶ		**sprang**	spränge	**gesprungen**
stechen 刺す	*du* stichst *er* sticht	**stach**	stäche	**gestochen**
stehen 立っている		**stand**	stände (stünde)	**gestanden**
stehlen 盗む	*du* stiehlst *er* stiehlt	**stahl**	stähle (stöhle)	**gestohlen**
steigen 登る		**stieg**	stiege	**gestiegen**
sterben 死ぬ	*du* stirbst *er* stirbt	**starb**	stürbe	**gestorben**
stoßen 突く	*du* stößt *er* stößt	**stieß**	stieße	**gestoßen**

不定詞	直接法現在	過去基本形	接続法第2式	過去分詞
streichen なでる		**strich**	striche	**gestrichen**
streiten 争う		**stritt**	stritte	**gestritten**
tragen 運ぶ，身につける	*du* trägst *er* trägt	**trug**	trüge	**getragen**
treffen 当たる，会う	*du* triffst *er* trifft	**traf**	träfe	**getroffen**
treiben 追う		**trieb**	triebe	**getrieben**
treten 歩む，踏む	*du* trittst *er* tritt	**trat**	träte	**getreten**
trinken 飲む		**trank**	tränke	**getrunken**
tun する		**tat**	täte	**getan**
vergessen 忘れる	*du* vergisst *er* vergisst	**vergaß**	vergäße	**vergessen**
verlieren 失う		**verlor**	verlöre	**verloren**
wachsen 成長する	*du* wächst *er* wächst	**wuchs**	wüchse	**gewachsen**
waschen 洗う	*du* wäschst *er* wäscht	**wusch**	wüsche	**gewaschen**
wenden 向ける		**wendete** （**wandte**）	wendete	**gewendet** （**gewandt**）
werben 得ようと努める	*du* wirbst *er* wirbt	**warb**	würbe	**geworben**
werden （…に）なる	*du* wirst *er* wird	**wurde**	würde	**geworden**
werfen 投げる	*du* wirfst *er* wirft	**warf**	würfe	**geworfen**
wissen 知っている	*ich* weiß *du* weißt *er* weiß	**wusste**	wüsste	**gewusst**
wollen …しようと思う	*ich* will *du* willst *er* will	**wollte**	wollte	**gewollt** **wollen**
ziehen 引く，移動する		**zog**	zöge	**gezogen**
zwingen 強制する		**zwang**	zwänge	**gezwungen**

表紙デザイン：
大下賢一郎

本文デザイン：
明昌堂

イラスト：
わたなべまき

写真提供：
AA/ 時事通信フォト
Alamy/ アフロ
Album/ アフロ
Collection Christophel/ アフロ
dpa/ 時事通信フォト
Mikhail Leonov / Shutterstock.com（表紙・中扉）
Picture Alliance/ アフロ
Shutterstock.com
Stock Food/ アフロ
The Bridgeman Art Library/ アフロ
Vitalii Vitleo / Shutterstock.com
近現代 PL/ アフロ
徳原隆元 / アフロ
俣野房子
嶋田宗慈
ロイター / アフロ

ドイツ語ナビゲーション 3.0

検印
省略

© 2014 年 1 月 15 日 ドイツ語ナビゲーション　初版発行
2016 年 9 月 30 日 ドイツ語ナビゲーション　第 3 刷発行
© 2018 年 1 月 30 日 ドイツ語ナビゲーション 2.0　初版発行
2021 年 3 月 30 日 ドイツ語ナビゲーション 2.0　第 3 刷発行
© 2023 年 1 月 30 日 ドイツ語ナビゲーション 3.0　初版発行
2024 年 1 月 30 日 ドイツ語ナビゲーション 3.0　第 2 刷発行

著　者　　　　　前　田　良　三
　　　　　　　　髙　木　葉　子

発行者　　　　　小　川　洋一郎
発行所　　　　株式会社　朝　日　出　版　社
　　　　　　〒 101-0065 東京都千代田区西神田 3-3-5
　　　　　　電話 (03)3239-0271・72（直通）
　　　　　　https://www.asahipress.com
　　　　　　明昌堂／図書印刷

ISBN978-4-255-25462-3 C1084